JN086531

チョコレート効果25周年記念レシピBOOK

チョコレート効果食堂

著 株式会社 明治

アスコム

はじめに

多くの人は、「健康」＝大事なものという思いを持っています。

ですが「〝健康にいいこと〟ってどんなイメージを持っていますか？」

と尋ねられたとしたら、「面倒くさい」「続かない」「お金がかかる」とか、

ネガティブなイメージが、頭のどこかに浮かびませんか？

そのため、大事なことだとはわかりつつも、後回しになっている、

健康的な生活をしはじめたけど続かないという人が

少なくないように感じるのです。

だからこそ、多くの人においしい、

楽しいと思っていただいているチョコレートが、

「おいしく」「楽しく」健康を考える

きっかけになってもらえたら。

そのような願いを込めて、

チョコレートの主原料であるカカオに含まれる

豊富なカカオポリフェノールや食物繊維に注目し、

「おいしさと健康」をコンセプトに開発した高カカオチョコレートが

「チョコレート効果」です。

そんな「チョコレート効果」が、おかげさまで、

誕生から25周年[※]を迎えることになりました。

カカオポリフェノールの価値がお客様に少しずつ浸透し、

今では「チョコレート効果」を習慣として

毎日召し上がってくださる方も増えてきました。

その感謝とともに、「チョコレート効果」の新しい楽しみ方をお届けしたい。

新たな食べ方、使い方をお伝えすることで、

「チョコレート効果」を通して、今よりももっとおいしく

楽しく毎日カカオポリフェノールを摂っていただき、

お客さまの健康をチョコっと応援したい。そう思い、作ったのが本書です。

※1998年4月発売

「チョコレート効果」はさまざまな変化ができる嗜好品です。

お湯に溶かして、コーヒーのように気軽に楽しめる

「ヘルシードリンク化」、

料理のコクがぐっと増す「隠し味化」、

お酒のおともに「おつまみ化」、

ちょっとひと手間で「ヘルシースイーツ化」などなど

さまざまなシーン、使い方で楽しめます。

そして、今回、試行錯誤を繰り返し、本当におすすめできる

「チョコレート効果」を使った料理、おつまみ、スイーツ、ドリンクの

レシピ60品を開発しました。

また、ティータイム、仕事や勉強、お酒、キャンプ、サウナ、

あらゆるシーンにあう食べ方を、それぞれの専門家のお力を借りて、

提案していただきました。どれもぜひ試してもらいたいものばかりです。

本書で、料理や飲み物としての活用法、

いろいろな場面での使い方をお伝えすることが、皆さまの

おいしく、楽しく、健やかな毎日のサポートになれば幸いです。

「チョコレート効果」25周年の お祝いの言葉をいただきました

毎日、食事の前にも1枚「チョコレート効果」を食べ続けている
「チョコレート効果」大好き芸人のチャンカワイさんから、
祝辞を賜りました！

家族、みんなで食べています！

このたびは「チョコレート効果」
25周年おめでとうございます！
テレビ番組の出演がキッカケで
「チョコレート効果」と出合い、
今では家族みんなで食べ続けています。

おかげで公私ともに、絶好調！

ちなみに4歳と6歳の娘は、
CACAO86%にハマっております！

家族のおいしい笑顔が味わえるのも、
「チョコレート効果」です！

お笑い芸人
チャンカワイさん

CONTENTS

PART 1

まったく違った味わい！
3種類の「チョコレート効果」の魅力を徹底解説！

PART 2

専門家が教える
「チョコレート効果」のいろいろな効果と楽しみ方！

PART 3

これでしか味わえない！
深いコクと香りの「チョコレート効果」
ヘルシーレシピ大公開！

「チョコレート効果CACAO 95％」を使った、
コクうまヘルシー料理

「チョコレート効果 CACAO 86%」を使った お酒がすすむ、魅惑のヘルシーおつまみ！

「チョコレート効果 CACAO 72%」を使った、 からだ想いのヘルシー満足スイーツ

PART 4

知ればもっと味わい深く楽しめる！
おもしろ&なるほどチョコレートの話

まったく違った味わい！

3種類の「チョコレート効果」の魅力を徹底解説！

「チョコレート効果」はおもに、カカオ分の含有率別に、
72％、86％、95％の3種類があります。
それぞれによって味わいが異なり、
それぞれにあった食べ方も使い方もあるんです！
ここでは、3種類の「チョコレート効果」について、
その味わい方を解説するとともに、
知るともっと味わい深くなる「チョコレート効果」
25年の歩みや製造の秘密についてお話ししていきます。

あなたは今日、どれを食べる?

3種類の「チョコレート効果」比べました

3種類の「チョコレート効果」にそれぞれにどんな特徴、味わい方があるのかご紹介。
あなたの好み、気分、食べるシーンでぜひ食べ分けてみてください。

「チョコレート効果 CACAO 72%」の特徴

1枚 (5g) で
食物繊維が0.6g
摂れる!

1枚 (5g) に
カカオ
ポリフェノール
127mg

リフレッシュしたい
ときにぴったり!
甘すぎない
上品な甘み

カカオの
華やかな香りと
上質な苦みが
楽しめる

削って、
溶かして、
ヘルシースイーツに
大変身!

「チョコレート効果
CACAO 72%」箱タイプ

ほどよい甘みと華やかな香
りのバランスがよく、食べ
やすいと感じる人が多い人
気商品です。
15枚入り　75g

「チョコレート効果 CACAO 86%」の特徴

1枚（5g）で
食物繊維が0.8g
摂れる！

1枚（5g）に
**カカオ
ポリフェノール
147mg**

カカオの
力強い香りと
上品な苦み

キリッとした香りと
心地よい苦みが
集中モードに
切り替えてくれる

豊かな香り、
苦みとコクが
お酒のおつまみに
ぴったり

「チョコレート効果
CACAO 86%」箱タイプ

あとをひく心地よい苦みは
おつまみにアレンジするの
にも向いています。お酒と
の相性も抜群。

14枚入り　70g

「チョコレート効果 CACAO 95%」の特徴

1枚（5g）で
食物繊維が
0.8g摂れる！

1枚（5g）に
カカオ
ポリフェノール
174mg

苦みと香りが
料理を引き立てる！
カレーやソースの
コクだしにも
ぴったり！

お湯に溶かせば
ビターで大人な
チョコドリンク
も楽しめる！

気分を思い切って
変えたいときに
スイッチON！
眠気覚ましにも

「チョコレート効果
CACAO 95%」箱タイプ
苦みが強い分、カカオ感が
濃厚で、料理の奥行きを深
めコクをアップ。お湯に溶
かせばブラックコーヒーの
代わりとしても楽しめます。
12枚入り　60g

簡単にドリンク化
「チョコレート効果ドリンク」の作り方

「チョコレート効果」はそのまま食べるだけでなく、ドリンクにして飲むのもおすすめ。
仕事や家事の合間、ひと息いれたいときに！

用意するもの（1人分）
「チョコレート効果 CACAO 72％、
86％、95％」のどれか（お好みで）
‥‥‥‥‥ 5枚（1枚5gのもの）
お湯 ‥‥‥‥‥‥‥‥‥ 150mℓ
市販の耐熱性ボトル‥‥‥‥ 1個

作り方

1 耐熱性ボトルにお好みの「チョコ
レート効果」を5枚入れる。

2 1に温めたお湯を入れる。

3 ふたをして2を軽くふると、簡単
に溶けて混ざる。

※お湯は飲める程度の温度でご使用ください。
やけどには注意してください。

お茶やコーヒーの代わりとして楽しめる！

たっぷりの氷が入ったグラスに注ぐとアイスドリンクに！

バリスタがテイスティング

3種の「チョコレート効果ドリンク」はこんな味なんです！

「オールプレス・エスプレッソ」でバリスタと焙煎士（ばいせんし）を兼任する石田裕太さんに、72%、86%、95%3種類の「チョコレート効果」で作った「チョコレート効果ドリンク」をテイスティングしていただきました。

「チョコレート効果」は甘みと酸み、苦みのバランスが絶妙！

　高カカオ＝苦いというイメージがありましたが、「チョコレート効果」はカカオの苦みが強すぎず、甘すぎることもありません。ドリンクにアレンジしても、特に86%は甘みと酸み、苦みのバランスが絶妙で、「オールプレス・エスプレッソ」のコーヒーのような「いつ誰が飲んでも飽きの来ない味」。72%は甘みとマイルドな風味があり、高カカオが苦手な人にもおすすめ。逆にカカオの味を楽しみたい人やブラックコーヒーがお好みなら95%を。いずれもカカオ本来のシンプルな味なので、コーヒー感覚で飲めます。

バリスタ・焙煎士　石田祐太さん

Allpress Espresso
世界4カ国にロースタリーをもつニュージーランド発のコーヒーロースター。日本では東京・清澄白河と虎ノ門にカフェがある。https://www.allpressespresso.com/ja/

「チョコレート効果ドリンク」をテイスティング！

72% **上品な甘みとカカオ感が共存**

上質な高カカオ感はありながらも、甘みも感じられる上品で繊細な味わい。

86% **豊かな風味と味のバランスが絶妙！**

甘み、苦み、酸みのバランスが取れた味。後味もよく高カカオの風味も感じられる。

95% **きりっとシャープなこれぞ「ブラック！」**

カカオ本来の苦みと酸みが強め。ブラックコーヒーのようなきりっとした味。

ひと手間で、「チョコレート効果ドリンク」がもっとおいしい
「チョコレート効果」×スパイスの新提案

チョコレートの原料のカカオは、大昔、スパイスと合わせてドリンクで
飲まれていました。「チョコレート効果ドリンク」もスパイスとの相性は抜群です！

のどごしも後味も
スッキリ爽やか

こころとからだを
ほっこり温めてくれる

材料（1人分）

「チョコレート効果 CACAO 95％」
-------------- 5枚（1枚5gのもの）
コーヒー（濃いめ） ---------- 100ml
氷 ---------------------- 50〜80g
カルダモンパウダー -------- 少々

材料（2人分）

紅茶葉（アッサム）------10g
水 ------------------ 200ml
牛乳 ---------------- 200ml
「チョコレート効果
　　CACAO 86％」
---- 4枚（1枚5gのもの）

カルダモン ------- 2粒
ジンジャー ------- 適量
シナモンスティック
-------------------1本
クローブ・黒こしょう
------------------- 適量
フラクトオリゴ糖
------------------- 適宜

作り方

1 耐熱性ボトルに、刻んだチョ
コレートと濃いめの温かいコー
ヒーを入れて溶かし混ぜる。

2 グラスに氷を入れて 1 を注ぎ
入れ、カルダモンパウダーを
ふり、混ぜて冷やす。

作り方

1 小鍋に底から1〜2cm程度の水（分量外）を入れて
火にかけ、沸騰したら紅茶葉と　を入れる。

2 水分がなくなり、葉が完全に開いたら、分量の水
を加えて煮立て、牛乳と刻んだチョコレートを加
える。

3 再び沸騰したら火を止め、茶こしでこしながらカ
ップに入れる。甘みが足りないようなら、好みで
フラクトオリゴ糖をさらに加えて溶かす。

「チョコレート効果」25年の歩み①

「チョコレート効果」が
健康志向チョコNo.1^{（※）}になるまで

おかげさまで25周年。今では、多くの皆さまに、
「チョコレート効果」を楽しんでもらえるようになりました。
しかし、実はこれまでには紆余曲折の日々がありました。

※インテージSRI+健康志向チョコレート市場2021年4月～2022年3月累計ブランド販売金額

ヒットまで長い不遇の時代を経験

　1995年、テレビの情報番組で健康に関する情報が取り上げられたのをきっかけに「ココアブーム」が起こりました。ココアに含まれている「カカオポリフェノール」という成分に健康志向の高い消費者が興味を持ち、その声を取り入れる形で、1998年に発売したのが「チョコレート効果」です。高カカオ、高ポリフェノールを特徴とした商品でしたが、発売初年度のみ「新発売」ということで注目されて、ある程度は売れたものの、その後はなかなか定着せず、年間売り上げ10億円にも満たない時期が長年続きました。本来なら販売終了になってしまってもおかしくない状況でしたが、「トレンド」ではなく「文化」になることを信じ、私たちは継続して販売を続けました。

　2005年ごろ、中身の改良やパッケージのリニューアルにより注目度がアップ。世間の高カカオチョコレートに対する関心度が高まり、2006年には「チョコレート効果」の売り上げは拡大しました。一般的にチョコレートは、年間20億円以上の売り上げがヒットとされますが、「チョコレート効果」の年間の売り上げは、2006年9月の時点でその5倍である100億円を達成したのです。また、異例の「非常に苦い」とうたった板チョコの売れ行きは、予想をはるかに上回る好調を記録しました。ところが、再び、「チョコレート効果」は低迷の時期を迎えます。

発売当時のパッケージ

1998年に発売を開始した当初はこんなポケットサイズ。今ではおなじみのカカオ分のパーセンテージ表記もありませんでした。

トレンドから文化として定着

　苦難のときを迎えながらも大ヒット商品への道を模索し続けた「チョコレート効果」に転機が訪れます。

　それは、2014年に行われた高カカオチョコレート摂取の研究に起因します。チョコレートに含まれるカカオポリフェノールに関する日本人の健康調査結果が正式に発表されると、一気にチョコレートブームが訪れました。「チョコレート効果」が再注目されるようになり、低空飛行を続けていた売り上げは2015年に、2010年ごろの約10倍にアップ。「チョコレート効果」を習慣的に食べる人が増えたことに伴い、シーン別のサイズや種類を増やし、2020年には、200億円を超え

る大ヒット商品にまで成長したのです。

　また、新垣結衣さんを起用したCMと、チョコ先生役として石丸幹二さんを起用した方向性の違う2本のCMを制作しました。

　新垣結衣さんのCMでは全世代への「チョコレート効果」の認知を重視し、石丸幹二さんのCMではさらなるターゲット層への「チョコレート効果」への商品理解を意識して制作したところ、カカオポリフェノールの認知拡大につながっていきました。

　健康志向がより高まりつつある昨今、「チョコレート効果」が私たちの目指した「文化」として定着したことをうれしく思います。

25年で、パッケージも いろいろ変わりました！

1998年にデビューしてから25年。品質のブラッシュアップ、味やパッケージングの
バリエーションを増やすなど試行錯誤した結果、パッケージもこんなに変わりました。

1998 初代「チョコレート効果」デビュー

1995年に「ココアブーム」が起き、カカオに含まれる「ポリフェノール」に興味がよせられました。これに応える形で明治が発売したのが高カカオ、高ポリフェノールをうたった初代「チョコレート効果」です。

2000 リラックスをコンセプトにした「チョコレート効果 Relax」を発売

「身体の中から元気を！」をコンセプトとした「チョコレート効果」に加え、「ココロとからだにおいしいくつろぎ」をコンセプトとした「チョコレート効果 Relax」を新発売で送り出しました。

2006 カカオ分の含有量を大きく打ち出したパッケージで再注目！

海外のようにカカオ分のパーセンテージを表記し大幅リニューアル。一時的に大ヒットするも、その後はまた売り上げが減少。高カカオの市場定着には、もう少し時間が必要でした。

2010 CACAO 95%の箱タイプを新発売、今と近いデザインに

2010年の春に、CACAO95%の箱タイプを新たに発売。パッケージも現在のものと近いデザインに。

2013
美と健康、高カカオポリフェノールをアピールするコピーへ

2013年には、キャッチコピーを「健康とおいしさを考えた大人のチョコレート」から「美と健康を考えた、高カカオポリフェノール」に変更し、よりカカオポリフェノールをアピール。

2017
毎日食べやすい26枚入り箱タイプ登場！

日常的に食べる人が増えていき、毎日食べるのに便利な、ひと口サイズが26枚入ったタイプが登場（86%は2018年発売）。

2018
毎日食べやすい、大袋タイプやEC限定大箱タイプも発売

さらに毎日食べる人が増え、需要に応える形で2018年には大袋タイプも登場。気兼ねなく毎日食べられ、家族や友人とシェアするのにも便利と好評に。ECサイト限定の大箱タイプも登場。

2021
ナッツタイプが新発売

「チョコレート効果」からアーモンドとマカダミアナッツ入りのタイプが新発売（大袋は2022年発売）。ナッツの食感が楽しめることに加え、ナッツ由来の甘みにより、高カカオチョコレートの苦みが苦手な方でも食べやすいことが特徴！さらにファンを増やします。

2022
さらなる進化を遂げるため、日々ブラッシュアップを検討！

順調に日本人の生活に定着していき、「チョコレート効果」のシェアは、高カカオチョコ市場の6割超え、200億円超えの大ヒットに。消費量が増えるとともに大容量タイプの販売量が増えてきています。これからも健康を考えるチョコレートという「文化」のさらなる浸透を目指します。

いろいろなシーンで活用できる
「チョコレート効果」ラインナップ

量も味もいろいろある「チョコレート効果」。
活用シーン、味の好みで選んで楽しんでください
（2023年1月現在の商品ラインナップの一部です）。

定番の箱タイプ

**初めての人は
箱タイプがおすすめ！**

1枚5g、とひと口サイズで食べ
やすい大きさで、72％は15枚、
86％は14枚、95％は12枚入り。
小ぶりの箱タイプは、オフィスの
引き出しや家のテーブルなどにも
置きやすく、まずは手軽に試して
みたい人にもおすすめです。

「チョコレート効果 CACAO 95％」

カカオポリフェノール量
1枚当たり174mg、1箱当たり2088mg

「チョコレート効果 CACAO 86％」

カカオポリフェノール量
1枚当たり147mg、1箱当たり2058mg

「チョコレート効果 CACAO 72％」

カカオポリフェノール量
1枚当たり127mg、1箱当たり1905mg

**「チョコレート効果
CACAO 95％」大袋**

カカオポリフェノール量
1袋当たり6264mg

**「チョコレート効果
CACAO 86％」大袋**

カカオポリフェノール量
1袋当たり6174mg

**「チョコレート効果
CACAO 72％」大袋**

カカオポリフェノール量
1袋当たり5715mg

たっぷり大容量タイプ

**習慣化している人や
家族や友人と食べる人に**

高カカオチョコレートを食べ
ることが習慣化した人も多い
のか、最近では大袋タイプの
売り上げがアップする傾向に。
コロナ禍などで買い物の頻度
を減らしたい人も増えたなか、
ますます人気の予感です。

**「チョコレート効果 CACAO 72％」
素焼きアーモンド大袋**

カカオポリフェノール量
1袋当たり3060mg

**「チョコレート効果 CACAO 72％」
コク深マカダミア大袋**

カカオポリフェノール量
1袋当たり2812mg

ナッツタイプ

食感が楽しめる♪

チョコレートの苦みに慣れない、という人は、ナッツタイプからトライするのも手。アーモンドの香ばしさやマカダミアナッツの軽い食感で食べやすさがアップします。

「チョコレート効果
CACAO 72％」
コク深マカダミア

カカオポリフェノール量
1箱当たり1331mg

「チョコレート効果
CACAO 72％」
素焼きアーモンド

カカオポリフェノール量
1箱当たり1490mg

パウチタイプ

ちょっとした間食や持ち運びに便利

手軽に持ち運べるパウチタイプ。小粒でパウチから直接出してポイッと口に入れられるから、デスクでがんばりたい人や集中したいシーンにおすすめ。スキマ時間に、手軽に元気を応援！

「チョコレート効果
CACAO 86％」パウチ

カカオポリフェノール量
1袋当たり1082mg

「チョコレート効果
CACAO 72％」パウチ

カカオポリフェノール量
1袋当たり1008mg

「チョコレート効果
CACAO 72％」
蜜漬けオレンジピールパウチ

カカオポリフェノール量
1袋当たり654mg

26枚入りタイプ

毎日手軽に食べたい人におすすめ

1枚が5gと重量は箱タイプと一緒でも、大きさがギュッとコンパクトになり、よりスタイリッシュな形態に。26枚入り130gと、箱タイプより内容量も多いので、毎日手軽に食べ続けたい人に。

「チョコレート効果
CACAO 72％」26blocks

カカオポリフェノール量
1箱当たり3302mg

「チョコレート効果
CACAO 86％」26blocks

カカオポリフェノール量
1箱当たり3822mg

ECサイト限定

贈り物にも喜ばれる大容量ボックス

「チョコレート効果
CACAO95％」
大容量ボックス 800g

1箱当たり標準160枚

「チョコレート効果
CACAO86％」
大容量ボックス 940g

1箱当たり標準188枚

「チョコレート効果
CACAO72％」
大容量ボックス 1kg

1箱当たり標準200枚

「チョコレート効果」の進化①
「チョコレート効果」がアイスになりました!

カカオポリフェノール
たっぷり

濃厚だけど後味スッキリ!
アイスのレシピも楽しもう

「チョコレート効果」の特徴である、カカオの華やかな香りと上質な苦みを活かしたアイス。そのままでもおいしいけれど、アイスを使ったアレンジレシピもご紹介。より楽しみが広がります。
内容量:75mℓ

「チョコレート効果
CACAOアイス」
「チョコレート効果
CACAO72%」5枚分の
カカオポリフェノールがIN!
1個（75mℓ）当たり:カカオ
ポリフェノール635mg

「チョコレート効果CACAOアイス」を使ったおすすめレシピ

チョコアイスブレッド

高カカオの濃厚な
苦みと香りが立って魅力的!

材料(縦6cm×横12.5cm、高さ4.5cmのパウンド型)
「チョコレート効果 CACAOアイス」‥ 4個
卵 ‥‥‥‥‥‥‥‥‥‥‥‥‥‥‥‥ 1個
薄力粉 ‥‥‥‥‥‥‥‥‥‥‥‥‥ 150g
ベーキングパウダー ‥‥‥‥‥‥ 小さじ1

作り方

1 「チョコレート効果CACAOアイス」を室温に戻して少しやわらかくなったら、溶き卵を加えて混ぜる。

2 ふるいにかけた薄力粉とベーキングパウダーを加えて、なめらかになるまで混ぜたら、型に流し入れ、180℃に予熱(約11分)したオーブンで30〜40分焼く。粗熱が取れたら冷蔵庫で冷やし、切り分ける。

フライパン de
焼きりんごアイス

熱々りんごに冷たいアイスがとろ〜り

材料（2人分）
りんご ───────────────── 1個
バター ───────────────── 10g
ハチミツ ───────────────── 大さじ2
シナモンパウダー ───────────── 適宜
「チョコレート効果 CACAOアイス」───── 2個

作り方

1 りんごは皮付きのまま縦8等分に切り、芯を取る。

2 フライパンを中火で熱し、バターを入れて弱火にしてりんごを並べ入れて焼く。

3 10分くらいしたら裏に返して焼き、りんごが透き通ってきたら、ハチミツを加えて絡めて器に盛る。好みでシナモンパウダーをふり、「チョコレート効果CACAOアイス」をのせる。

ブルーベリーと
バナナのスムージー

高カカオの上質な苦みで
大人のスムージーに

材料（2人分）
ブルーベリー ───────────── 100g
バナナ ───────────────── 小1本
「チョコレート効果
　　CACAOアイス」──────── 2個
甘酒（ストレート） ──────── 80〜100mℓ

作り方

1 ブルーベリーは軽く洗い、バナナはひと口大に切る。

2 ミキサーに、1と「チョコレート効果CACAOアイス」、甘酒を入れてなめらかになるまで攪拌する。

「チョコレート効果」の進化②
「チョコレート効果」を「塗る」という新提案！
「チョコレート効果CACAOペースト」

「チョコレート効果
CACAOペースト」
1食（10g）分当たり：
カカオポリフェノール150mg

**パンにも塗れるペースト登場！
おやつにもアレンジを楽しもう**

「チョコレート効果」の味わいを活かした「チョコレート効果CACAOペースト」が2023年3月に新発売。塗りやすくてくちどけもよく、パンやクラッカーなどと合わせて楽しめます。早速アレンジレシピもチェック！

内容量：100g

「チョコレート効果CACAOペースト」を使ったおすすめレシピ

オーバーナイト
チョコクリームオーツ

オートミールがチョコレート味で食べやすく

材料（1人分）
豆乳 ………………………………………… 150mℓ
「チョコレート効果CACAOペースト」
………………………………………………… 大さじ1
オートミール ……………………………… 30g
ミックスナッツ …………………………… 適量
フルーツ（バナナ・オレンジなど）………… 適量
シナモンパウダー ………………………… 少々

作り方

1 ボウルに豆乳と「チョコレート効果CACAOペースト」、オートミールを入れて混ぜ、全体になじんだらラップをかけて冷蔵庫でひと晩（約5〜6時間）漬け込む。

2 器に盛り、刻んだミックスナッツやフルーツをのせ、好みでシナモンパウダーをふる。

おからドーナツのチョコクリーム
ヘルシーなのに、食べた満足度大!

材料(直径7cmのドーナツ型6個分)
卵 ‥‥‥‥‥‥‥‥‥‥‥‥‥‥‥‥‥‥ 1個
牛乳 ‥‥‥‥‥‥‥‥‥‥‥‥‥‥‥‥ 200mℓ
きび砂糖 ‥‥‥‥‥‥‥‥‥‥‥‥ 30〜40g
おからパウダー ‥‥‥‥‥‥‥‥‥‥‥ 60g
ベーキングパウダー ‥‥‥‥‥‥‥ 小さじ1
「チョコレート効果CACAOペースト」
‥‥‥‥‥‥‥‥‥‥‥‥‥‥‥‥‥ 大さじ6

作り方
1 ボウルに卵を割りほぐし、牛乳、きび砂糖を加えてなめらかになるまで混ぜる。

2 おからパウダーとベーキングパウダーを加えて混ぜ、なめらかになったら、ドーナツ形に流し入れて、180℃に予熱したオーブンで約15分焼く。

3 粗熱が取れたら取り出し、「チョコレート効果CACAOペースト」を塗る。

バナナ&イチゴの生春巻き
エスニックなヘルシーおやつ

材料(2人分)
ライスペーパー ‥‥‥‥‥‥‥‥‥‥ 4枚
バナナ ‥‥‥‥‥‥‥‥‥‥‥‥‥‥‥ 1本
イチゴ ‥‥‥‥‥‥‥‥‥‥‥‥‥‥‥ 4個
水切りヨーグルト ‥‥‥‥‥‥‥‥ 120g
フラクトオリゴ糖 ‥‥‥‥‥‥‥‥ 大さじ1
「チョコレート効果CACAOペースト」
‥‥‥‥‥‥‥‥‥‥‥‥‥‥‥‥‥ 大さじ4

作り方
1 ライスペーパーは水に濡らしたあと、1枚ずつにして濡れ布巾の上に置く。

2 バナナとイチゴはスライスする。

3 水切りヨーグルトにフラクトオリゴ糖を入れて混ぜる。

4 ライスペーパーの手前に「チョコレート効果CACAOペースト」と水切りヨーグルトをのせ、バナナをのせてくるりと巻く。イチゴも同様に作る。

長い旅路と工程を大公開！
「チョコレート効果」が
あなたのもとに届くまで

遠くアフリカや中南米などで収穫されたカカオ豆が、船で運ばれ日本にやってきて、
あなたの手に届くまで。そこには長い道のりやたくさんの工程があります。
カカオ豆が「チョコレート効果」になるまでの旅路をご紹介します。

1 原料の受け入れ

カカオ豆は、生産国で発酵・乾燥させてから、袋に詰められ船で運ばれてきます。世界の国々からカカオ豆が工場へと届きます。

2 豆の選別

生産国での袋詰めの時点では、小石などが混じることも。そのため、到着したカカオ豆はクリーナーという機械で、悪い豆やゴミを取り除きます。

3

ロースト

ロースターという機械でカカオ豆をロースト（炒ること）します。熱を加えることで、カカオ独特の香りと風味を引き出すのです。

4

皮を取り除く

クラッシャーという機械でカカオ豆を砕き、ウィノワという機械で皮などを取り除きます。皮を取り除くと、カカオニブとよばれる中心部分が出てきます。皮を取り除いてからローストするケースなどもあります。

5 すりつぶす

グラインダーという機械でカカオニブをすりつぶします。つぶすとドロドロしたペースト状になり、これをカカオマスといいます。

6 混ぜる

ミキサーで、カカオマス、ココアバター、砂糖などを混ぜます。

7 細かくする

レファイナーという機械でチョコレートをロールにかけ、舌の先でもざらつきを感じないほど細かく、なめらかにしていきます。

8
練りあげる

コンチェという機械で、時間をかけて練りあげます。原料が均一化され、チョコレート独特の香りが生まれます。

9
温度調整

テンパリングマシンという機械で、チョコレートの温度を調整します。温度を調整することでココアバターが安定した結晶になり、なめらかでツヤのある、くちどけのいいチョコレートになるのです。

10
型に流し込む

デポジッターという機械で、チョコレートを型に流し込みます。型を揺らす工程で、チョコレートの中の細かい空気の泡を取り除きます。

11
冷やす

冷却コンベアに型をのせ、クーラーという機械を使って、チョコレートを冷やして固めていきます。

12
型抜き

冷やし終わったら、デモールダーという機械で型をたたいて、型からチョコレートを外していきます。

13
検査・包装

余計なものが入っていないか、ツヤや割れたり欠けたりしていないかを入念に検査。検査に合格すれば、お店で見る「チョコレート効果」が出来上がりです。

┌ FIELD TRIP ┐

工場見学もできる！
「明治なるほどファクトリー」

明治のお菓子の工場見学が無料でできます。カカオ豆のことを楽しく学べる展示やチョコレートの製造ラインなどを見て試食も可能。詳しくは下記のお問合せ先まで。

【明治なるほどファクトリー坂戸】お問合せ☎049-283-1398
【明治なるほどファクトリー大阪】お問合せ☎072-685-5031
【明治なるほどファクトリー東海】お問合せ☎054-641-0902
Webからもお申込みOK！
※1名、11名以上の団体様はお電話でのご予約のみ。
https://www.meiji.co.jp/learned/factory/

FINISH!

お店へGO！

「チョコレート効果」、
開発の秘密、打ち明けます！

25年の間、味や形、カカオの生産方法まで、
変わり続けている「チョコレート効果」。これまでのストーリーと、
作り手、届ける側のこだわりを教えてもらいました。

開発者ファイルNo.1

「売れない！」からの逆転劇。
良質なカカオ豆作りを
通して見えた
「チョコレート効果」の可能性

食品開発本部長
宇都宮洋之さん

工場内の評判は散々でした……

　私は発売当初の「チョコレート効果」の製造を大阪工場で担当しました。当時、チョコレートのカカオ分のマックスが40％ほどだった時代に、70％のチョコレートを作ると聞いて「ありえない！」と思いました。また、ポリフェノールについてもほとんど知らなかったため、研究所から説明を受けるところからのスタートでした。工場ではミルクチョコレートをメインに作っていましたが、同じラインで作るとどうしてもミルクが混ざってしまうので、専用ライン化も必要でした。さらに「チョコレート効果」は発売当初の名前が「チョコレート2000」だったのですが、「2000」はポリフェノールの量を表しており、この量の担保も行うため、工場にポリフェノール分析を行う体制を導入しました。これで生産できる体制は整いましたが、本当に大変だったのは、実はここからでした。

　工場では定期的に品質チェックのためにサンプリングを行うのですが、「苦すぎる」「こんなの売れへんで」と工場内での評判は散々。かく言う私も、「ちょっと売れないだろうな……」と正直思っていました（笑）。その後、「チョコレート効果」の担当に。当時は売れ行きが芳しくなかったため、食べやすくなるよう仁丹のような小さな粒にポリフェノールを詰めたものや、コーヒーとのマリアージュを楽しんでもらうものなど、低迷している間は食べてもらうための展開をい

ろいろとやっていたころのことです。

良質なカカオ豆作りを実現！

ポリフェノールは、苦くて渋い成分なので、ポリフェノールが多く入っていると、チョコレートはどうしても苦くなってしまいます。おいしさとポリフェノールのバランスをとらなくてはならない。その問題を解決するため、世界中のカカオを研究しました。カカオは産地や種類によって、味もポリフェノール量もまったく違うのですが、商社から買ったカカオの中から選ぶしか選択肢がなく、天然物ということもあり不安定。しかし、もしカカオ自体を自分たちでコントロールできれば好みの味にコントロールできるのではないだろうか——。その考えを会社に伝えると「GO」を出してくれたので、そこから中南米の農場へ頻繁に足を運ぶようになりました。弊社の中では私が一番ジャングルに行っています（笑）。カカオの収穫時期が10月～5月くらいなので約7～8カ月、この間、向こうに1カ月行って、日本に1カ月帰ってくるという生活を約4年間繰り返し、合計1年以上は行っていましたね。

実際に現地を訪れ、インフラや農業の設備が整っていない状況にも驚きましたが、一番衝撃を受けたのは、仕事の概念の捉え方の違いです。日本人のやり方はまったく通用しません。「一緒に良質なカカオ豆作りを行うことは、生活を支え

ることになる」と伝えても、「楽をして稼ぎたい」といった感じです。カカオの使われ方を説明したり、実際にチョコレートを食べてもらったり。そうして100軒以上の農家さんをまわり、意を汲んでくれた半数以上の農家さんとカカオ豆作りをスタート。弊社の長年の研究による知見を使った発酵や加工技術をもっとも簡単にできる方法で現地にインストールし、何度も足を運ぶことで信頼関係を築き、ともに歩むことになりました。この関係性は17年も続いています。

カカオの新たな可能性を提案する

今は、カカオの力をチョコレートだけにとどめておくのはもったいないという気持ちがあり、「カカオの有効成分を積極的に摂取していきませんか？」というカカオの新しい可能性を見出していく提案を、私の定年までにがんばってやりたいなと思っています。その収益をカカオ農家とともに分かち合うことで、彼らの生活水準が上がり、さらによいカカオが生産される環境を整えていく。こういうサイクルが作れれば本望です。

ブランド認知を高めたい。
チョコレート好きの思いが
消費者のニーズに
みごとマッチ!

研究本部 技術研究所
次世代ものづくり研究部
カカオG長

石田晶子さん

パッケージにカカオの%表記を提案!

私が「チョコレート効果」の商品企画を担当するようになったのは2004年。当時は売り上げの大きい商品ではなくて、どうしたらお客様に食べてもらえるかをマーケティングチームなどと調査したり、研究所や工場と方向性などを相談したり、試行錯誤を繰り返す日々でした。

当時「健康とおいしさを考えた大人のチョコレート」とパッケージには表記していたのですが、普通のビターチョコレートとの違いをどう伝えればよいか、「健康とおいしさ」という部分をもっと魅力的にしていかないと、チョコレートの先の広がりが作っていけないのではと考えていました。私は日ごろから国内外で店頭リサーチをするほどチョコレートが大好きです。海外では、チョコレートは大人の嗜好品として成り立っていて、カカオ分が表記された商品もある点に着目。「チョコレート効果」のカカオ分をパッケージに大きく表示し、大幅リニューアルを図りました。また、ブランド認知を高め、普通のビターチョコとの差別

化を図るために、縦型のデザインで新たに発売しました。そして、スーパーには主婦層に向けたボックスタイプ、コンビニには会社員が仕事中にもつまめるようなタイプを作るなど、食シーンや生活に寄り添ったシリーズを展開。結果的にはそれで消費者のニーズをうまくとらえる

ことができたと思います。

今後も「健康とおいしさを考えた大人のチョコレート」という当初からのコンセプトをリードするブランドであり続けたいですし、進化させ続けることが未来につながっていくと思っています。

開発者ファイルNo.3

厚みや形状にも意味がある！
食べ続けて追及する
おいしさとポリフェノール量の
絶妙バランス

カカオ開発部
開発2G長
森永 寛さん

理想の味わいと形状をとことん追求

　2016年から「チョコレート効果」の
ブランドを担当するようになりました。
仕事内容は、既存ブランドの売り上げを
いかに伸ばしていくか。現状を分析し、
新商品を作るか、今の商品をブラッシュ
アップするかなどを検討するのがひとつ。
もうひとつは今まで市場にないような新
商品、新しいお客様を開拓していける商
品を作る。大きくその2つの業務をして
います。

　「チョコレート効果」は、細かいマイ
ナーチェンジはあるのですが、2018年
に味を大きく変えました。人気が出て、
お客様が増えるにつれ、苦くて食べにく
いという人も増えたからです。カカオポ
リフェノールによる渋みをいかに低減す
るかを重視し、カカオ豆のローストやブ
レンドも含め、見直しをして、調査。ポ
リフェノール量を維持したまま、ちょっ
と食べにくさを感じている人が食べやす
く思えるような絶妙なおいしさのバラン
スを追求し続けています。味はもちろん
ですが、手に取って食べやすい長方形の

形、スッと溶けて渋さを感じにくく、カ
カオの濃厚な味わいを楽しめる7mmの厚
さなど形状にもこだわっています。試食
をする際は、30〜40回は研究所とやり
とりをします。72%、86%、95%の3種
類ありますので、ひたすら食べ続けなけ
ればいけないという状況です（笑）。

　チョコレートは、健康のために食べる
ものではなくて、嗜好品。サプリのよう
になるのではなく、おいしさ＋健康や、
からだのことを大切にしたい人をうまく
増やし、今までもこれからも愛される
「チョコレート効果」を作り続けていき
たいです。

約30年研究しても次々と新しい発見がある！研究者が見つめるポリフェノールのその先

研究本部　乳酸菌研究所
栄養機能研究部　栄養機能G
専任課長　博士（農学）
夏目みどりさん

研究しても尽きぬカカオの魅力

　私がカカオ研究を始めてから、もう27年になります。カカオ研究で大変なところは、カカオに含まれる成分の特性を確認するために、臨床試験が欠かせないところです。生活習慣や体質が個々に違う中で評価を行わなくてはならないのですが、思い描いた結果が得られたときは非常にうれしいです。

　カカオは本当におもしろい食べ物で、30年近く研究をしていても、新しい機能がどんどんわかってくるので、まったく飽きないんです。今はカカオポリフェノールが注目されていますが、カカオの中には、それ以外の成分も多く含まれています。さらに研究を進めることで、新たなカカオの魅力を見出していきたいと思います。

多くの方が大好きな「チョコレート」を通じてお客様の健康を応援したい！

マーケティング本部
カカオマーケティング部
グローバルカカオG
新田大貴さん

楽しくおいしく健康を考えられるきっかけに！

　チョコレートの主原料であるカカオの秘められたポテンシャルを追及し、「チョコレート効果」ブランドを通じてお客様のこころとからだの健康維持にどうしたらもっとお役立ちができるか？を常に考えています。最近では間食としてそのまま食べるだけでなく、飲み物や料理としての楽しみ方を積極的に提案しています。

　私は、健康習慣は短距離走ではなくマラソンだと思っています。長く続けるためには楽しくおいしく続けることが重要です。人を笑顔にする不思議なチカラがあるチョコレートだからこそ、お客様のこころとからだの健康を維持するお手伝いができるのではないかと信じて、これからも活動していきたいと思います。

PART 2

専門家が教える

「チョコレート効果」の いろいろな効果と 楽しみ方！

そのまま食べるだけでもおいしいですが、
高カカオ配合だからこそのいろいろな活用法が、
「チョコレート効果」にはまだまだあります。
バリスタやバーテンダー、脳科学者など、
さまざまな分野のエキスパートに、もっと楽しく、
役立つ食べ方や活用法を教えていただきます。

「チョコレート効果」で、コーヒータイムがもっと楽しく！

コーヒーと相性がよいのはなぜ？

コーヒーとチョコレートはなぜ相性がよいかというと、香ばしさ、甘み、コク、ボディのおいしく感じる部分が似ているから。さらに、コーヒー豆もカカオも適度な降水量と安定した年間平均気温がある地域で栽培され、収穫後に焙煎して風味を引き出す工程もよく似ています。また、豆の種類や原産国、収穫の仕方や焙煎方法で風味が大きく変わり、工程が丁寧であるほど価値が上がる点も共通しています。そのため、一緒に味わっても互いのよいところを増幅させる〝マリアージュ〟になるのです。例えば、72％にはマイルドなミルク入りコーヒーを、86％にはドリップコーヒーですっきり、95％にはエスプレッソベースの濃いブラックコーヒーで苦みをゆっくり味わうなどペアリングを楽しめるのも魅力です。

私たちバリスタや焙煎士は、お客様にコーヒーを届けるプレゼンテーターです。コーヒー豆は気温や湿度、気圧で風味が変化するので、毎日の風味や品質を守るために、その日の豆の状態を見て、豆の挽き方や抽出の仕方を変えています。技術を磨きながら、舌で感じる〝味のパレット〟の数を増やすよう意識もしています。日々新たな発見や学びがあるので、この仕事は奥が深く面白いですね。

チョコレートの甘みで大人の一杯に

コロナ禍以降、家でも本格コーヒーを味わいたいと、コーヒー豆を買われる方が増えています。家でおいしいコーヒーを入れるには「測る」こと。豆やお湯の量、温度を測って作ると味がまったく違うはず。また、豆は挽いた瞬間から香りが飛ぶので、できれば豆の状態で保存を。粉で保存する場合は、密閉容器に入れて光の当たらない場所で保存しましょう。少しだけ甘みを加えたいときは、砂糖の代わりに高カカオチョコレートを使うと、ほのかな甘みとコクが出ておすすめです。

コーヒーとチョコレートのペアリングを楽しむ石田さん。

バリスタ・焙煎士
石田 祐太さん

国内のコーヒー店やカナダでリードバリスタとしての経験を経て、現在は「オールプレス・エスプレッソ」の数少ないバリスタ兼ロースターとして、焙煎と品質管理を担当している。風味にこだわり、生豆の選定やブレンディングを行うコーヒーのスペシャリスト。

「チョコレート効果」に合うコーヒーはこれ！

01

72％に合うコーヒー

苦みが少なくまろやかな甘みを感じる72％は苦みがやや苦手という人にもトライしやすい味です。カフェでオーダーする際は、エスプレッソにスチームミルクとフォームミルクを3層で注いだ、フラットホワイトがマッチ。ご家庭ではミルク多めのカフェオレも合うと思います。

02

86％に合うコーヒー

エスプレッソマシンで入れるコーヒーは豆をぎゅっと凝縮した味なのに対し、ペーパーフィルターを使ったハンドドリップコーヒーはすっきりと飲みやすいのが特徴です。甘みと苦みのバランスがよい86％には、そんなドリップで入れたすっきりとした飲みやすいコーヒーがよく合います。

03

95％に合うコーヒー

高カカオ特有の苦みがある95％には、同じトーンの苦みと香りに合わせたロングブラック（ダブルエスプレッソをお湯で伸ばしたもの）でゆっくりと組み合わせを楽しんで。ご家庭で楽しむ際には、濃いめのブラックコーヒーがよく合います。（※豆はすべてオリジナル・ブレンド）

こんな楽しみ方も!
「チョコレート効果」で作る
本格フレーバーコーヒー

コーヒー豆に、削った「チョコレート効果」を加えることで、
カカオの香りや味わいがプラスされ、
本格的な喫茶店でしか味わえないようなフレーバーコーヒーに大変身。

ゆっくりとお湯を注ぐことで、コーヒー豆の香りと風味が広がる。

「チョコレート効果」で作る
フレーバーコーヒー

材料(1人分)
「チョコレート効果」……1枚(5g)
コーヒー豆(挽いたもの) ----- 20g
お湯 ------------------------------- 400㎖

作り方

1 「チョコレート効果」を細かく均一に削る。

2 1とコーヒー豆20gをフィルターに入れ軽く混ぜる。

3 使うお湯(400㎖)のうち、最初に50㎖を注ぎ、30秒蒸らす。

4 1分45秒間で合計400㎖になるようなペースで、残りのお湯をゆっくり円を描くように注ぐ。

5 注ぎ終わったらドリッパーを軽く回し、お湯が落ち切るのを待つ。

6 カップに注ぎ完成!

チョコレートを削る際は、チーズなどを削るグラインダーを使うと簡単。それがない場合は、おろし金を使ったり、包丁で細かく刻めばOK。

72%×浅煎りコーヒー

ほのかな酸みとフルーティな香りをまとった浅煎りコーヒーに、マイルドな甘さの72%を加えれば、華やかな香りと口当たりのよい一杯に。特におすすめの豆はグッドブリュー。

86%×中煎りコーヒー

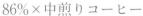

複雑なフレーバーの中煎りコーヒーに、苦みと酸み、甘みのバランスがとれた86%を加えることで洗練された風味とすっきりした後味が楽しめる。使用した豆はオールプレス・ブレンド。

95%×深煎りコーヒー

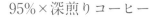

豊かな深みのある深煎りコーヒーに、苦みの強い95%を加えることで、しっかりとしたコクとボディを感じられる本格コーヒーに。使用した豆はエスプレッソ・ロースト。

脳科学者が教える「仕事・勉強」の「チョコレート効果」
仕事や勉強でがんばるあなたを
サポートする食べ方とは?

「チョコレート効果」を食べて、
集中モードON!

　私はこれまで14年ほど仕事やスポーツで成功している人たちの研究をしてきました。その結果、成功者たちに共通していたのは「日々の食事を大事にしている」ということです。また、脳のパフォーマンスを高める要素のひとつとして、「幸福度が高いことが大切」ということもわかっています。

　幸福度が高いと生産性が31％ほど、創造性も300％ほど上がるといわれています。幸福度を高める手段はいろいろありますが、簡単に取り入れられる方法に食事があります。

　では、どのような食事がいいのかといろいろ調べた結果たどりついたのが「低GI食」でした。その結論にたどりついてからですかね。低GI食である「チョコレート効果」^(※)を好んで食べるように

仕事の合間にも「チョコレート効果」を
つまみます。

なりました。これは好みの問題だと思いますが、私には72％は少し甘く感じまして、86％を愛食しています。ほどよい苦さが、頭のスイッチを入れてくれる感じがして気に入って食べています。高カカオチョコレートと相性のよい、ナッツといっしょに食べると、ポリポリとした歯ごたえのある食感も加わり、仕事モードへのスイッチが入りやすくなる気がします。

食物繊維が豊富で
間食にもおすすめです

　「間食はよくない」と決めつけている方をときどき見かけますが、空腹の時間が長くなるほうが脳にとってはよくありません。夕方以降の仕事や勉強をはかどらせるためにも、空腹を感じたときは、ガマンせず間食を摂るようにしましょう。特に食物繊維が豊富なものが、腹持ちもよいのでおすすめです。そういった点からも、高カカオチョコレートである「チョコレート効果」はピッタリの間食といえるでしょう。

※「チョコレート効果」ブランドのうち、「チョコレート効果CACAO72％」と「チョコレート効果CACAO86％」は低GI食品です

脳科学者
西 剛志さん

脳科学者(工学博士)、分子生物学者。武蔵野学院大学日本総合研究所スペシャルアカデミックフェロー。LCA教育研究所顧問。東京工業大学大学院生命情報専攻修了。博士号を取得後、特許庁を経て、企業や個人のパフォーマンスをアップさせる会社を設立。

西 剛志先生のおすすめの食べ方

01

仕事をがんばっているとき

数年前からシリコンバレーでは、気分をリフレッシュさせたり、仕事をはかどらせたりするためのクリエイティフサポートドリンクとして緑茶が注目を集めているそう。私にとっては、「チョコレート効果」がまさにそんな存在で、クリエイティブサポートフードといえます。欠かせない相棒です。

02

疲れたら「『チョコレート効果』のもぐもぐタイム」

15時から17時くらいまで、お腹がすいてくる時間帯があると思うのですが、そこで食べるのがおすすめ。夕食まで時間があいてしまうと、どうしても低血糖になりやすいんです。すると仕事の効率が悪くなるので、この時間に「『チョコレート効果』のもぐもぐタイム」を入れます！

03

おすすめは〝ちょこっと食べ〟です

私がおすすめしたいのが〝ちょこっと食べ〟です。「チョコレート効果」をそのまま少しずつ食べてもいいですし、豆乳などに溶かして飲んだり、砕いたり、スライスしたりしてヨーグルトにかけて食べてもいいでしょう。

バーテンダーが教える「お酒」の「チョコレート効果」
「チョコレート効果」と
マッチするお酒はコレ！

チョコレートはバーの必需品

　チョコレートとお酒は昔から大人の贅沢な嗜好品でしたから、"チョコレートのないバーはない"といってもいいくらい王道の組み合わせです。最近では上等なチョコレートに上等なお酒を合わせて味のマリアージュを楽しむバーも増えていますし、一般的なバーでもマスターが生チョコを作って出す店もあります。もちろん、オーダーがあればチョコレートのリキュールを使ったカクテルも作ります。

日本人は味のコントラストを好む

　海外では甘い食べ物に甘い飲み物を合わせますが、日本人は"甘みと苦み"という正反対の味のバランスを好む傾向があります。ですから、甘みの強いチョコレートには苦みのあるお酒を、反対に甘み

72％と95％を使ったカクテル。

の少ないチョコレートには甘いお酒を合わせることが多いのです。その点からも、高カカオの「チョコレート効果」はブランデーやウイスキーなど色の濃い蒸留酒との相性はとてもよいです。どちらも、樽のタイプや熟年数、大きさで味の仕上がりは異なりますが、ブランデーなら香りが甘いタイプ、ウイスキーならリッチな味わいのものが合わせやすいと思います。

カカオ95％の苦さは味の武器に！

　私が一番可能性を感じたのは95％のチョコレートです。カカオの苦さは味の武器になりますから、後から甘みを足してカクテルにするとアレンジしやすいです。ちなみに左下のカクテルは、72％を溶かしてコニャックと生クリームとフランボワーズのリキュールを合わせてシェイクし、仕上げに95％を削ってトッピングしたもの。甘すぎずほろ苦い、大人感のあるカクテルになりました。他にもフォアグラのテリーヌを冷凍して削ったものをチョコレートカクテルにトッピングしても、脂肪分と香りがマッチしておいしいです。

Bar「Panacee」「SUI」オーナー
羽崎 修平さん

恵比寿にある紹介制Bar「Panacee(パナセ)」と京都のシガーBar「SUI」のオーナー。国内外で経験を積み、食文化にも精通。上質な物のみを追求した空間を葉巻とともに楽しむ大人たちの隠れ家的空間となっている。https://lapanacee.com(要事前予約)

「チョコレート効果」と相性バツグンのお酒

01

72%に合うお酒

ほどよい苦みはあるものの一番食べやすい味なので、ブランデーやボディがしっかりしたウイスキーがマッチ。また、チョコレートをデザート的な感じで味わうなら、果実みのあるアルコール度数高めのカリフォルニア産赤ワインもおすすめ。チョコレートの甘みと赤ワインのタンニンは好相性。

02

86%に合うお酒

甘すぎない86%は、デザートカクテルにアレンジしてもよいです。チョコレート本来のビターを楽しむなら、マッカラン18年などのバーボンウイスキーや、しっかりしたカルバドスなど、香り高くリッチなブランデーにも合います。チョコレートのほのかな甘みに補填する意味合いです。

03

95%に合うお酒

渋み、酸み、カカオの香りがしっかりある95%は食前酒向き。王道はチェリーブランデーや甘みの高いシェリー酒。フルーツ系の甘みとも合います。変化を楽しむなら、チョコレートの苦みに寄り添うビター系やハーブ系のリキュールやアマーロ(苦みを主軸とした薬草酒)などもおもしろい。

キャンプの専門家が教える「キャンプ」の「チョコレート効果」

ひと味違ったキャンプご飯を楽しめる、「チョコレート効果」活用法

私にとってキャンプは非日常体験

キャンプ歴は9年目。家族や友人と1年を通してほぼ毎週末行っています。特に冬場のキャンプは格別。空気も澄んでいて虫もいないし、キャンプ用の暖房器具を使えば全然寒くないんです。私にとってキャンプは〝非日常体験〟。たき火を囲んで満天の星空の下で、仲間とおいしい料理やお酒を飲んだり食べたりする時間が何より楽しいんです。

冬キャンプにチョコレートは必須

料理はもともと嫌いではありませんでしたが、キャンプをするようになってから開花していった感じです。「今度のキャンプで何を作るか」は常に考えています（笑）。冬キャンプによく合うことも

あり、食材に高カカオチョコレートを持っていくことも多いです。設営後にホットチョコレートでひと休みしたり、おやつにチョコバナナパイを作ったり、冷えてきた夜にたき火を囲みながらホットワインのお供につまんだりします。

自分流のスタイルを楽しんで！

デザート以外にも、キャンプの定番料理のカレーに「チョコレート効果」を数枚砕いて入れると、コクが出て深みのある味になりますし、ステーキのソースに入れて風味付けに使うのもよいと思います。あとは、私はキャンプで季節のイベントをするのが好きなので、例えばバレンタインの時期には、チョコフォンデュもおすすめです。「チョコレート効果」3種類をお好みの配分で溶かして（お酒が好きな方は少しブランデーを入れても）、フルーツやマシュマロをつけて食べれば、高級感のあるお店のような味になります。キャンプに正解はありませんから、失敗も経験しながら、自分流のキャンプスタイルを楽しんでみてください。

テントも専用ストーブやこたつで快適に。

キャンパー・アーティスト
marimari(松尾真里子)さん

Instagram(@marimari8208)で発信するアーティスト。本格的なお料理やすてき写真満載のインテリアが話題となり、現在のフォロワーは16.4万人。キャンプ関連の著書やアウトドアグッズの監修も手掛ける。

「チョコレート効果」でつくるおすすめ〝キャンプ飯〟

01

72%で作る
「チョコバナナパイ」

ビターだけど甘みもしっかり感じられる「チョコレート効果」の72%でチョコバナナパイを。ホットサンドメーカーに、バナナと72%の「チョコレート効果」(量はお好み)を市販の冷凍パイシートで挟んで焼くだけ。たき火でもカセットコンロでも大丈夫。両面きつね色になるまで5分ほど焼けば、でき上がります。

02

95%は
ホットワインのお供に

苦みとコクのある95%はブラックコーヒーやホットワインのお供にぴったり。ホットワインをキャンプする際は日本酒の熱かんメーカーで湯煎して1人前ずつ作ります。赤ワインの中にカットしたオレンジなどのフルーツを入れてサングリア風にしてもおいしいですし、95%の「チョコレート効果」にも合います。

03

86%で作る「スモア」

甘さが控えめで溶けるとねっとりとした食感の86%は、甘いマシュマロを使った「スモア」がおすすめ。フライパンの上にビスケットを砕き入れ、その上に86%の「チョコレート効果」を敷き詰めて、最後にマシュマロをのせてバーナーであぶれば完成。そのまま食べてもクラッカーですくって食べても◎。

サウナの専門家が教える「サウナ」の「チョコレート効果」
サウナーに教えてもらいました。
もっと楽しくなる、サウナ×チョコレート

「ととのう」をより実感

僕は以前「下北沢ケージ」という屋外のイベントスペースを運営していたのですが、冬季の売り上げが落ち込むんです。その時期に何か秘策となるイベントはないかと考えていた中で、たまたまサウナを知人から紹介されました。当時はまったくサウナが好きではなかったのですが、1回でどっぷりハマってしまって。その3カ月後にはサウナブームの先駆けとなった野外サウナイベント「CORONA WINTER SAUNA」を2017年という早い段階で開催しました。

今では一般の方にも浸透しはじめている「ととのう」という言葉ですが、僕の場合は「サウナ」「水風呂」「外気浴」の3つの行程を順番通りにやっていくと、不思議なことに体が「ととのった」状態になります。諸説ありますが、脳からセロトニン、オキシトシン、β-エンドルフィンといったいわゆる「幸せホルモン」が出ているといわれていて、多幸感を覚えやすくなる気がします。そして、高カカオチョコレートも食べると、幸せな気持ちになりますよね。

あくまで僕の持論ではありますが、サウナ後のととのった状態のときに高カカオチョコレートを食べると、相乗効果で、より「ととのう」を安定させる、多幸感を覚えやすくなる気がしています。

文化的な親和性の高さにも注目

一見共通点がなさそうなサウナとチョコレートですが、お互いの歴史をたどっていくと、儀式というひとつのキーワードで結びつくように感じています。海外では、塩やハチミツ、ハーブなどを使ったトリートメントをセレモニーといったりします。チョコレートの原料であるカカオもマヤ文明の時代から、「カカオは神秘的な力を持つもの」として儀式での献上品などに使われるなど、いずれもどこかしら人を幸せにするという点では、文化的な親和性が高いと感じます。

自社ビルにフィンランド式サウナを作った(株)タマディックの森實敏彦社長(右)と。

編集者
草彅洋平さん

2017年に下北沢で野外のサウナイベント「CORONA WINTER SAUNA」の企画、運営に携わり、現代のサウナブームの第一人者。フィンランド政府観光局が認めた公式フィンランドサウナアンバサダーでもある。著書に『作家と温泉』、『日本サウナ史』など。

より〝ととのう〟を実感する「チョコレート効果」の摂り方

01
サウナ後の「サチョコ」を推したい

サウナ前の摂取よりはサウナ後に、「サ飯」ならぬ「リチョコ」として食べるのをおすすめします。ちなみに食後すぐのサウナは、消化不良を起こすこともあるので、サウナ前の食事は避けるのがベストです。

02
塩との相性が抜群によい！

サウナ後は、体内から塩分やミネラル、水分などが失われた状態になります。僕のおすすめの食べ方は、「チョコレート効果」に塩をまぶして食べることです。絶妙な苦みと塩味が楽しめるうえ、塩分補給にも一役。給水の横に塩が置いてあるサウナもあります。

03
水分補給にチョコドリンク

水分補給もサウナ後にはとても大切ですから、「チョコレート効果」を溶かして、冷やした「チョコレート効果ドリンク」に、塩を小さじ半分程度入れたものなんかもいいですね。サウナ施設でも売り出して欲しいです！

明治社員が教える「ちょい足し」の「チョコレート効果」

私だけがこっそりやっている
最高の食べ方教えます！

普段から「チョコレート効果」を愛してやまない明治の社員さんたちに、
「チョコレート効果」の裏技的なちょい足しアレンジレシピを聞いてきました！

IDEA 01

コミュニケーション統括本部
コミュニケーション企画部
デザイン企画2グループ
南りえこさん

他部署と連携しながら「チョコレート効果」のパッケージ制作を担当。「どう伝えたら、お客様が『チョコレート効果』を手に取り、日々の暮らしのそばに置いていただけるか」を日々考えています。

仕事中も家でも、
シーンで食べ分けています！

「チョコレート効果」は、「会議の合間など気合いを入れたいとき」には86％を3枚、「夜、子どもを寝かしつけたあとの読書タイム」は72％を3枚と95％を2枚を細かく割ってかけらをミックスしながら口の中で調合を楽しむなど、日常のシーンに応じて食べ分けています。

そんな私の「ちょい足しレシピ」は、ハチミツでナッツをチョコレートにくっつけた「『チョコレート効果』ナッツのせ」や、オートミールにバナナとレーズン、「チョコレート効果」を混ぜて焼くだけの「オートミールチョコクッキー」などがあります。どちらも砂糖や小麦粉、バター不要なので、小腹が空いたときの体にいいおやつとしておすすめです。

「チョコレート効果」
ナッツのせ

お好みの「チョコレート効果」1枚にハチミツを少しのせ、好きなナッツをのせるだけ。簡単でおいしいイチオシのアレンジ。私は、72％＋アーモンド、86％＋カシューナッツ、95％＋くるみが好きです。

オートミール
チョコクッキー

容器に完熟バナナ（1本）をフォークでつぶし、「チョコレート効果」（3枚）を細かく割り入れ、レーズンとオートミール（大さじ5）を混ぜる。ひと口大（厚さ1cm）をアルミにのせ、1200Wのトースターで7〜10分焼けば完成。

048

IDEA
02

研究本部
商品開発研究所
カカオ開発研究部１G
橋本健史さん

「チョコレート効果」の原料選定から配合、製造方法、工場導入までの研究や商品開発を担当。「チョコレートを成型するときのタッピング（気泡を抜く工程）技術は誰にも負けません！」

チーズをディップしても
おいしいんです！

　普段は「チョコレート効果86％」をよく食べています。カカオの香りと苦みのバランスが一番好きですね。仕事中は傍らに置いて、小腹満たしと気分の切り替えに活用しています。コーヒーをよく飲むのですが、コーヒーとの相性がいいところもお気に入りポイントです。私のちょい足しレシピは、ホットワインに95％

&スパイスを加えて飲んだり、湯煎した「チョコレート効果」に、甘いマシュマロや塩味の効いたチーズをディップして食べるのが好きです。BBQなどの箸休めとしてもおすすめですよ。これからも、より多くのお客様に「チョコレート効果」が愛されるよう、新しい形態の商品にもチャレンジしていきたいと思います。

ディップ
「チョコレート効果」

お好みの「チョコレート効果」を入れた容器を50℃で5分程度湯煎すると、あっという間に溶けます。そこに、甘いマシュマロや塩味の効いたチーズをディップして食べると、とてもよく合います。

「チョコレート効果95％」
×ホットワイン

ホットワイン1杯に「チョコレート効果95％」（1〜2枚）を入れるだけ。お好みでスパイスやレモンを入れる。スパイシーなホットワインと「チョコレート効果95％」の苦みのバランスが最高です。

マーケティング本部
カカオマーケティング部
グローバルカカオG
新田大貴さん

「チョコレート効果」のブランドマネージャーとして、ブランド戦略やプロモーション戦略を担当。「おいしく楽しく健康」をモットーに、日々仕事に励んでいます。

朝チョコ昼チョコ夜チョコと食べ方は自由自在!

おそらく私は、世界で一番「チョコレート効果」を食べていると思います。たまに〝断チョコ〟をして、「チョコレート効果」が恋しくなるようにしているほど、ほぼ毎日「チョコレート効果」を食べています(笑)。朝はトーストやヨーグルトにトッピング。昼食後に気合いを入れたいときは、95%をそのまま食べたり、

お湯で溶かしてチョコドリンクにし、チリスパイスを入れたものを飲んだりしています。夜は、重ための赤ワインやスモーキーなウイスキーのおつまみに、86%とミックスナッツの鉄板コンビが欠かせません。スイーツとしての72%、おつまみとしての86%、がんばりたいときの95%など、使い分けてお楽しみください。

チョコバナナ
チーズトースト

食パン(8枚切り)にとろけるチーズ、カットバナナ(1/2本)をのせ、「チョコレート効果」(3枚)を散りばめトースターへ。焼けたらチョコレートをヘラで伸ばしてナッツやシナモンをお好みで。

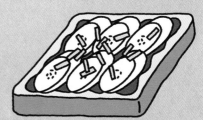

パワーヨーグルト
with「チョコレート効果」

プレーンヨーグルト(100g)にバナナ(1/2本)をのせ、個包装の上から麺棒で砕いた「チョコレート効果」(1枚)をトッピング。冷凍ブルーベリーやハチミツをかけても。忙しい朝にぴったり。

IDEA 04

研究本部
商品開発研究所
カカオ開発研究部　部長
藤原成一さん

お菓子全般の製品開発と原料や製法の研究開発を担当。「どうしたらお客様を感動させられるか。風味、食感、外観、健康情報、原料や製法ストーリーなど、あらゆる面から考えて、商品の開発をしています」

味覚と想像力を
使って料理にも

　家の冷蔵庫の野菜室は、チョコレートで溢れています。お酒や料理など、日々チョコレートの新しい楽しみ方を研究していて、お酒とチョコレートのマリアージュを毎週1セット考えて提案しているほどです。飲み物とのマリアージュは、最初に「チョコレート効果」（1/2枚）を口に入れ、溶けたところに飲み物を含ん

で風味の変化や余韻を楽しみます。お酒ならレモンサワー×86％、ジン×72％も合います。

　ちょい足しなら「チョコレート効果」をソースに使った「棒棒鶏〜チョコ入りごまだれ」、「バニラアイスのチョコソースがけ」などがおすすめです。大人の楽しみ方もぜひ試してみてください。

棒棒鶏
〜チョコ入りごまだれ

酒と水（各50mℓ）を沸騰させ、鶏ささみ（4本）を入れ2分加熱し、ふたをしめ余熱で火を通す。「チョコレート効果72％」（1枚）を電子レンジで溶かし、ごまだれ（大さじ3）、白ごまペースト（大さじ1）、砂糖としょうゆ（小さじ1）、鶏ガラスープの素（小さじ1/2）を加えたたれをかけて完成。

バニラアイスの
チョコソースがけ

「チョコレート効果」（3種6枚）を電子レンジで溶かす。オリーブオイル（8〜10g）を加え均一に混ぜ（さらっとなるよう量を調整）、バニラアイスにかける。チョコレートソースは甘さ控えめがおすすめ。

大切な人に思いが伝わる「贈り物」としての「チョコレート効果」

いつまでも元気でいてほしい！
あなたの思いが伝わるチョコレート

「いつもありがとう」「これからも体調に気を付けて」とのあなたの思いを伝えるのに、
健康志向チョコの「チョコレート効果」をプレゼントするのはどうでしょう！
このコラムでは、職場・恋人や思い人・家族や友人・子どもなどといった
贈る相手に合わせたアイデアをまとめてみました。

職場の人に
健康や能率

　職場の人に日ごろの感謝を伝えるのに、バレンタインはいい機会。カカオポリフェノールが豊富に含まれる「チョコレート効果」は、健康志向の高い上司や健康意識が高い女子の同僚にもきっと喜んでもらえるはず。小さめサイズで小分けになっているので、仕事の合間にも口にしてもらいやすい。気兼ねなく受け取ってもらえるようラッピングはシンプルに。

恋人や思い人に
癒し・特別感

　大好きなあの人に贈るなら、特別な気持ちを伝えるための工夫を。「チョコレート効果」を使った手作りチョコなら、相手の健康を気遣う気持ちも込められる。P105の「チョコバナナのおからトリュフ」は、簡単・ヘルシー・おいしいのでおすすめ。心を込めて作ったことが伝われば、バレンタインをきっかけに2人の中もきっと深まるはず。

家族や友人に
分け合う喜び

　自宅で過ごす時間が増えたこともあり、家族で楽しむ"ファミチョコ"もひそかなブームに。バレンタインには、カカオ含有率の違う3種類の「チョコレート効果」を食べ比べてみるなど、イベント風な演出も楽しい。家族の集まりでも、仲良し女子会でも、賑やかなひとときになること請け合い。ヘルシー嗜好の友人も楽しめるバレンタインに。

子どもに
楽しさをアップ！

　男の子へのバレンタインは、チョコレートと一緒に楽しさもプレゼント。おもちゃや人気キャラクターのモチーフなどをプラスして。お子さんが好きな子に贈りたいなら、簡単なスイーツやドリンクを親子で一緒に手作りするのもアイデア。トースターでできるP108の「ダブルチョコマフィン」は、焼き上がりを待つのも楽しい時間に。

郵 便 は が き

105-0003

（受取人）
東京都港区西新橋2-23-1
3東洋海事ビル
（株）アスコム

チョコレート効果25周年記念レシピBOOK
チョコレート効果食堂

読者　係

本書をお買いあげ頂き、誠にありがとうございました。お手数ですが、今後の
出版の参考のため各項目にご記入のうえ、弊社までご返送ください。

お名前		男・女		才
ご住所　〒				
Tel		E-mail		

この本の満足度は何％ですか？ 　　　　　　　　　　　　　　　　　　%

今後、著者や新刊に関する情報、新企画へのアンケート、セミナーのご案内などを
郵送またはeメールにて送付させていただいてもよろしいでしょうか？
　　　　　　　　　　　　　　　　　　　　　　　　□はい　　□いいえ

返送いただいた方の中から**抽選で100名**の方に
オリジナル耐熱性ボトルをプレゼントいたします。

応募締切：2023年5月31日（当日消印有効）

※当選の発表はプレゼント商品の発送をもって代えさせていただきます。
※ご記入いただいた個人情報はプレゼントの発送以外に利用することはありません。
※本書へのご意見・ご感想およびその要旨に関しては、本書の広告などに文面を掲載させていただく場合がございます。

●本書へのご意見・ご感想をお聞かせください。

ご協力ありがとうございました

PART 3

これでしか味わえない！

深いコクと香りの「チョコレート効果」ヘルシーレシピ大公開！

「チョコレート効果」はそのまま食べるだけでなく、
料理やおつまみ、スイーツ作りにも役立ちます。
高カカオチョコレートならではの苦みや華やかな香り、
甘さ控えめな特徴が、食材の味を引き出してくれます。
普段の料理にちょっぴり加えるだけで
新しい味覚の世界が開けます。
ぜひ挑戦してみてください。

「チョコレート効果」の料理への使い方

このレシピ集に出てくる「チョコレート効果」の扱い方はとっても簡単。
下記のような扱い方を覚えておくと、より料理がおいしくなります。

刻む

例えばサラダに散らすなど、チョコレートを包丁で刻んでかけるだけで、料理の味や食感が一変します。荒く刻むと香りが立ち、細かく刻むとくちどけがよくなるなど、好みに合わせた刻み方を見つけるのも楽しいですね。

湯煎

チョコレートを刻み、約50℃のお湯で温めながら溶かすのが「湯煎」。なめらかさが味の決め手のトリュフなどのスイーツや、使う量が多い料理などにおすすめです。熱湯と水を同量混ぜると、簡単に50℃のお湯ができます。

電子レンジ

使う量が少ない料理や、マフィンなど粉に直接混ぜ込む場合には、電子レンジで牛乳などと一緒に溶かすと手間いらず。ただ、加熱しすぎると固まったり分離したりしやすいので、加熱時間はしっかり守るようにしましょう。

「チョコレート効果 CACAO 95%」を使った、コクうまヘルシー料理

華やかな香りとビターでしっかりした苦みが、
食卓の料理をワンランクアップ！
お肉と絡めたり、カレーのコクを増したり……
「チョコレート効果」をちょこっと足すだけで、
いつもの料理を新たな世界へと誘ってくれます。

[ここからのレシピの見方]
- ・計量単位は大さじ1＝15㎖、小さじ1＝5㎖、1カップ＝200㎖です。
- ・卵のサイズはMサイズを使用しています。
- ・野菜を洗う、皮をむく、ヘタや種をとるなどの下ごしらえは、
  特別な場合を除いて省略しています。
- ・電子レンジの加熱は600Wを基本としています。500Wの場合
  は加熱時間を1.2倍にしてください。
- ・「チョコレート効果」はすべて1枚(5g)のものを使っています。
- ・電子レンジでチョコレートを溶かすときは、特に表示がない
  場合はラップをかけて加熱しています。

高カカオタコスサラダ

ひき肉の脂とうまみをチョコレートがぐーんと底上げ！
野菜がモリモリすすむパワーサラダです

材料（2人分）

トマト	1個
アボカド	½個
レタス	½個
紫玉ねぎ	¼個
オリーブ油	大さじ½
にんにく（みじん切り）	1片
セロリ（みじん切り）	½本
クミンシード	小さじ½
（＊あればで可）	
牛肉（ひき）	150g
「チョコレート効果CACAO 95%」	3枚
チリパウダー	適宜
A ウスターソース・	
ケチャップ・酒	各大さじ1
しょうゆ・カレー粉・砂糖	
	各小さじ1

作り方

1 トマトとアボカドは7〜8mm角に切る。レタスは細切りにする。

2 紫玉ねぎは薄切りにし、水にさらして水気をしっかりきり、ペーパータオルに取ってさらに水気をとる。

3 フライパンにオリーブ油を熱し、にんにくとセロリ、クミンシードを炒め、香りが立ったら、牛肉を加えて強火で炒める。色が変わってきたら砕いたチョコレートとAを加え、水分が少なくなるまで炒める。

4 1と2をあわせて器に盛り、3をかけてチリパウダーを好みでふる。

魚介風味のブラックおでん

チョコレート色の出汁がインパクト大！
優しく複雑な味わいはおもてなしでも話題を呼びそう

材料（2～3人分）

大根	½本
イワシのつみれ	6個
こんにゃく	1枚
卵	3個
たこ（足）	小2本
鶏手羽先	4～6本
「チョコレート効果 CACAO 95%」	6枚

A	だし汁	4カップ
	酒	¼カップ
	しょうゆ	¼カップ
	ナンプラー	小さじ1～2
	砂糖・みりん	各大さじ1

作り方

1 大根は2cm幅の輪切りにして透き通るまで約10分ほど下ゆでする。イワシのつみれは熱湯を回しかけて油抜きする。

2 こんにゃくは下ゆでをし、食べやすい大きさに切る。ゆで卵を作り、たこを下ゆでする。

3 鍋にAを入れて煮立ったら鶏手羽先を加える。再度煮立ったら、1と2を入れ、弱めの中火で15～20分煮る。

4 チョコレートを入れて溶かし混ぜ、さらに20～30分煮て器に盛る。

ねぎ豚ロールの高カカオソース煮

ウスターソースの辛みとカカオの苦みで、
ごはんにもビールにも合う大人のおかずに

材料（2人分）

しいたけ	2〜3枚
ねぎ	1本
にんじん	½本
豚肉（ロース、しゃぶしゃぶ用）	10枚
薄力粉	適量
ごま油	大さじ½
しょうが（薄切り）	3〜4枚
さやいんげん	4〜6本
A 「チョコレート効果 CACAO 95%」	2枚（割る）
水	½カップ
酒	大さじ2
ウスターソース	大さじ1・½
みりん・しょうゆ	各小さじ1

作り方

1 しいたけは薄切りに、ねぎは4cm幅に切る。にんじんは縦8等分に切る。Aの材料を混ぜておく。

2 豚肉を1枚ずつ広げ、その上にしいたけとねぎをのせ、手前からくるくると巻き、薄力粉を薄くまぶす。

3 深めのフライパンにごま油を中火で熱し、豚肉の巻き終わりを下にして並べ入れ、中火で転がしながら表面を焼く。Aとしょうが、にんじん、を加え、ふたをして弱めの中火で10分煮る。

4 ふたを取って、さやいんげんを加え、照りが出るまで煮絡め、器に盛る。

鶏手羽元の香るスープカレー

カカオの香りがスパイスの力を底上げ。カレーのコクと香りが段違いにアップ！

材料(2人分)

鶏手羽元	4本
塩・こしょう	少々
なす	1本
オクラ	4本
かぼちゃ	60g
サラダ油	大さじ½
にんにく(みじん切り)	½片
しょうが(みじん切り)	½かけ
クミンシード	小さじ½
水	4カップ
A 「チョコレート効果 CACAO 95%」	3枚
カレー粉	大さじ1
ケチャップ・ウスターソース・ しょうゆ	各小さじ1
塩	小さじ⅓

[ターメリックライス]

米	1合
ターメリックパウダー	小さじ½
しょうが(すりおろし)	小さじ1
塩	小さじ¼
オリーブ油	適量
水	1カップ

作り方

1 ターメリックライスを炊く。米1合にターメリックパウダー、しょうが、塩、オリーブ油を入れて水を混ぜ、炊飯器で通常通りに炊く。

2 鶏手羽元は塩・こしょうをもみ込んでおく。なすは縦6等分に切り、オクラはへたを落とし、かぼちゃは薄いくし形に切る。

3 鍋にサラダ油とにんにく、しょうが、クミンシードを入れて弱めの中火にかけ、香りが立ったら、鶏手羽元も入れて焼き目をつける。

4 水を入れ、煮立ったらふたをして、弱火で約20分煮込む。Aを加えてさらに10分ほど煮込んだら、なすとかぼちゃを加えて火が通るまで約5分煮て、最後にオクラを加えて火を通し、器に盛る。ターメリックライスを添え、好みでターメリックライスの上に削ったチョコレート(分量外)をふる。

コクうま★ホイコーロー

豆板醤の辛みとチョコレートの苦みが相性抜群！ いつもの中華がワンランクアップ

材料（2人分）

豚肉（こま切れ）	180g
片栗粉	小さじ1
しょうが汁	小さじ1
キャベツ	4枚
ピーマン	2～3個
ごま油	大さじ½
にんにく（みじん切り）	½片
豆板醤	小さじ1

［合わせ調味料］

「チョコレート効果 CACAO 95%」	2枚
酒	大さじ1
しょうゆ・みりん	各小さじ1
甜麺醤	大さじ1・½

作り方

1 豚肉を食べやすい大きさに切り、片栗粉としょうが汁をもみこみ下味をつける。キャベツはひと口大に切り、ピーマンもひと口大の乱切りにする。

2 合わせ調味料を作る。チョコレートと酒を耐熱皿に入れ、電子レンジで20～30秒加熱し、溶けたら残りの調味料を混ぜておく。

3 フライパンにごま油を熱し、豚肉を並べ入れて両面に焼き目がつくまで焼き、一度取り出す。

4 同じフライパンに、にんにくと豆板醤を入れて香りが立つまで炒めたら、豚肉を戻し入れ、野菜も加え炒め合わせる。**2**を加え、強火で大きく全体に混ぜながらさらに炒め、器に盛る。

ごはんがすすむ！ ブリの真っ黒照り焼き

バルサミコ×カカオの発酵パワーで、うまみとコクがマシマシ★洋風定食

材料（2人分）
ブリ（切り身） ‥‥‥‥ 2切れ
しょうゆ・バルサミコ酢
‥‥‥‥‥‥‥‥ 各大さじ1
ブロッコリー ‥‥‥‥‥ ¼個
ねぎ ‥‥‥‥‥‥‥‥‥ ½本
「チョコレート効果
CACAO 95%」‥‥ 2枚
みりん・酒 ‥‥‥ 各小さじ2
ごま油 ‥‥‥‥‥‥ 小さじ2

作り方

1 ブリはペーパータオルにはさんで水気をしっかりとふく。バットなどにしょうゆとバルサミコ酢を入れて混ぜ、ブリを入れ、ときどき上下をかえして約10分漬ける。ブロッコリーは小房にわけ、ねぎはぶつ切りにする。

2 耐熱皿に刻んだチョコレートとみりんと酒を入れ、電子レンジで20～30秒加熱して溶かし混ぜる。

3 フライパンにごま油小さじ1を熱し、ねぎを入れて転がしながら焼き、焼き色が付いたらブロッコリーを加えてさっと炒め、器に盛る。

4 フライパンをさっとふき、残りのごま油（小さじ1）を中火で熱し、続いて軽く汁気を切った**1**のブリを並べ入れて中火で両面をこんがりと焼く。ブリの漬けだれと**2**を加えて絡めながらツヤが出るまで焼き、**3**とともに器に盛る。

とってもマイルド！ チョコ墨パスタ

にんにくの辛みがチョコレートと出合うとマイルドに。
イカ墨の臭みが消え、品のある高級店の味に！

材料（2人分）

イカ	1パイ
アンチョビ	2枚
にんにく	1片
玉ねぎ	1/4個
オリーブ油	小さじ2
パスタ（乾麺）	160g
ブラックオリーブ（刻み）	適宜
イタリアンパセリ	適宜
A 「チョコレート効果 CACAO 95%」	3枚
イカスミペースト	4g
白ワイン	大さじ2
トマト水煮缶	200g
コンソメスープの素	小さじ1
塩	少々

作り方

1 イカは下処理して、胴は1cm幅の輪切りにし、足は食べやすいように切り分ける。アンチョビは粗く刻む。にんにくは粗いみじん切りに、玉ねぎは薄切りにする。

2 少し深めのフライパンに、オリーブ油とアンチョビを入れて中火で熱し、香りが立ってきたら、玉ねぎとにんにくを入れて炒める。そこにイカを加えて炒め合わせてさっと火を通したら、イカを取り出しておく。

3 2にAの材料を加えて煮立ったら、弱めの中火でかき混ぜながら15〜20分煮込む。

4 たっぷりのお湯に塩大さじ2（分量外）を入れて、パスタを加え、表示時間より1分短めにゆで、ざるに上げる。

5 3のソースに、取り出しておいたイカとパスタを加えて全体に絡めて器に盛り、ブラックオリーブ、イタリアンパセリを飾る。

ラムとスパイスのココナッツ煮込み

カカオとラム肉はベストパートナー!
肉々しい味をカカオの香りが力強く包み込みます

材料(2人分)

ラムチョップ ────── 6本
　塩・こしょう ─── 少々
玉ねぎ ──────── ½個
レモングラス ───── 1本
しょうが ─────── ½かけ
にんにく ──────── 1片
「チョコレート効果
　CACAO 95%」── 4枚
オリーブ油 ── 大さじ½

＊あればジャスミンライスや
　バスマティライスを添えて。

水 ───────── 50mℓ
ココナッツミルク
　──────── 200mℓ
しょうゆ ── 小さじ2
塩 ───────── 少々
［飾り用］
トマト(スライス)
　──────── 適量
パクチー ────── 適宜
オクラ(ゆで) ── 適宜
A ┃ カレー粉
　┃ ──────── 大さじ1
　┃ 八角 ─────── ½個
　┃ シナモンパウダー
　┃ ─────── 小さじ½
　┃ 塩 ──── 小さじ½
　┃ きび砂糖
　┃ ─────── 小さじ1

作り方

1 ラムチョップは塩、こしょうをもみ込んでおく。

2 フードプロセッサーに、ざく切りにした玉ねぎ、刻んだレモングラスと薄切りにしたしょうが、にんにく、チョコレートを入れてペースト状になるまで攪拌する。

3 厚手の鍋にオリーブ油をひき、Aの材料を入れて中火で炒め、香りが立ったら2を入れて炒める。1と水、ココナッツミルクの半量を入れて混ぜ合わせ、ふたをして煮込む。ふつふつとしてきたら弱火にして、約1時間程煮込む。

4 残りのココナッツミルクを入れ、時々かき混ぜながら汁気がほとんどなくなるまで煮込み、しょうゆ、塩で味を調え、器に盛り、トマトとパクチー、オクラをのせる。

CACAO **95%** ────

フライパンで作る
黒いジャンバラヤ

かすかな苦みとコクが□□□□□める！
これ一品で大満足の□□□

材料（2人分）

玉ねぎ	½個
ピーマン	2個
赤パプリカ	½個
卵	2個
オリーブ油	大さじ½
鶏肉（ひき）	150g
ごはん	300g

［合わせ調味料］

「チョコレート効果CACAO 95%」	4枚
酒・とんかつソース	各大さじ1
ケチャップ	大さじ2
しょうゆ・カレー粉	各小さじ1
コンソメスープの素	小さじ1

作り方

1 玉ねぎは1cm角に、ピーマンと赤パプリカは2cm角に切る。目玉焼きを2個焼いておく。

2 合わせ調味料を作る。耐熱皿に砕いたチョコレートと酒を入れて、ラップをせずにレンジで20〜30秒加熱し、残りの調味料を混ぜておく。

3 フライパンにオリーブ油を熱し、玉ねぎを炒め透き通ってきたら、鶏肉をほぐしながら炒める。肉の色が変わってきたら、ピーマンとパプリカも加えてさらに炒める。

4 2を加えて汁気を飛ばしながら炒め、ごはんを加えて、強めの中火で全体に味がいきわたるように混ぜて炒める。器に盛り、1の目玉焼きをのせる。

チョコっと辛黒担々鍋

ごまの香ばしさをカカオが引き立てる
オリエンタルなコクうま鍋

材料（2人分）

白菜	3枚
まいたけ	1パック
ねぎ	1本
豆腐（絹ごし）	½丁
ニラ	½束
ごま油	小さじ1
にんにく（みじん切り）	½片
しょうが（みじん切り）	½かけ
豚肉（ひき）	150g
豆板醤	小さじ2～3
「チョコレート効果CACAO 95%」	4枚
水	4カップ
酒	¼カップ
鶏ガラスープの素	小さじ2
大豆もやし	1袋

A	甜麺醤	大さじ2
	しょうゆ	大さじ1
	みりん	小さじ1
	練り黒ごま	大さじ2

作り方

1 白菜は縦半分に切って横に1.5cm幅に切る。まいたけは食べやすい大きさにほぐし、ねぎは斜めに切る。豆腐は食べやすい大きさに切り、ニラはざく切りにする。

2 深めの鍋にごま油とにんにく、しょうが、豚肉を入れて炒め、肉の色が変わってきたら豆板醤も加えて水分を飛ばすように炒め、Aの材料を加えて混ぜ、チョコレートを溶かす。

3 2に水と酒、鶏ガラスープの素を入れ、まいたけ、白菜を加えて煮立ったら、中火にしてそのまま2～3分煮る。ねぎと大豆もやしを加えさらに煮て、野菜に火が通ってきたら、豆腐とニラを加えて仕上げる。

ヘルシーすぎる★黒チリコンカン

普通のチリコンカンより後をひくコク。
バゲットと食べれば、小麦の香りと絡んで、より深い味わいに

材料（2人分）

芽ひじき（乾燥）	40g
玉ねぎ	¼個
オリーブ油	大さじ½
にんにく（みじん切り）	½片
牛肉（ひき）	100g
砂糖・塩	少々
カレー粉	小さじ1
水	¾カップ
黒豆（蒸し）	100g
トマト水煮缶	150g
「チョコレート効果CACAO 95%」	3枚
ケチャップ	大さじ1
ウスターソース	小さじ2

作り方

1 芽ひじきはたっぷりの水（分量外）で戻し、水気をきる。玉ねぎは5mm角に切る。

2 フライパンにオリーブ油と玉ねぎ、にんにくを入れて炒め、しんなりしたら牛肉と芽ひじきを加え、砂糖と塩、カレー粉をふり入れて、肉の色が変わるまで炒める。

3 2に水を加えて煮立ったら、黒豆とトマト水煮缶、粗く砕いたチョコレート、ケチャップ、ウスターソースを加えて、かき混ぜながら汁気がなくなるまで煮て、器に盛る。

コク増しハッシュドビーフ

牛肉のうまみとカカオの苦みでコクUP! 「レストランみたい」とほめられる味に

材料(2人分)

マッシュルーム	1パック
まいたけ	1パック
玉ねぎ	⅓個
バター	10g
牛肉(こま切れ)	180g
赤ワイン	¼カップ
トマトピューレ	50g
デミグラスソース	100g
コンソメスープの素	小さじ½
「チョコレート効果CACAO 95%」	3枚
塩・こしょう	少々
ごはん・パセリ	適量

作り方

1 マッシュルームは薄切りに、まいたけは小房にほぐし、玉ねぎは薄切りにする。

2 フライパンにバターを熱し、玉ねぎを入れてさっと炒め合わせたら、ふたをして弱めの中火で蒸らすようにしんなりするまで炒める。

3 牛肉を加え炒める。火が通ったら赤ワインを加えてひと煮立ちさせ、1のきのこ類、トマトピューレ、デミグラスソース、コンソメスープの素、粗く砕いたチョコレートを加え、時々かき混ぜながら汁気がなくなるまで中火で煮る。

4 塩・こしょうで味を調え、ごはんとともに器に盛り、みじん切りにしたパセリをのせる。

香りきわ立つ！ カジキと小松菜炒め

魚が苦手な人もペロリといけちゃう！
カレー×カカオ×しょうゆの香りで箸がとまりません

材料(作りやすい分量)

カジキマグロ	2切れ
塩・こしょう	少々
小松菜	½束
マッシュルーム	5個
ミニトマト	6個
玉ねぎ	¼個
「チョコレート効果CACAO 95%」	2枚
カレー粉	小さじ1
しょうが(すりおろし)	小さじ1
オリーブ油	大さじ½
水	大さじ1
A しょうゆ	小さじ2
みりん	小さじ1
酒	大さじ1
鶏ガラスープ素	小さじ½
酒	大さじ1

作り方

1 カジキマグロはひと口大のそぎ切りにし、塩、こしょうをふる。小松菜は4cm幅くらいのざく切りにする。マッシュルームは薄切りに、ミニトマトは半分に切り、玉ねぎは薄切りにする。

2 耐熱皿に刻んだチョコレートとAの材料を入れて軽く混ぜ、電子レンジで20〜30秒加熱する。取り出してカレー粉としょうがも加え、混ぜる。

3 フライパンにオリーブ油を中火で熱し、カジキと玉ねぎを加えて炒め、カジキに焼き色が付いたら、マッシュルーム、小松菜も加え、水を入れてふたをし、1〜2分蒸し焼きにする。

4 ふたを取って2を加え、たれを絡めるようにして強めの中火で炒め合わせ、汁気がなくなってきたらミニトマトを加え、さっと混ぜて火を止め、器に盛る。

うまみだらけのスパイスカカオライス

スパイス＆チョコの香りで食欲増進！
玉ねぎだけで奥深いうまみたっぷり

材料（作りやすい分量）
精白米 ———————————— 1合
水 ————————————— 1½カップ
雑穀ミックス米 ———— 2袋(60g)
オリーブ油 ——————— 大さじ1
クミンシード ——————— 小さじ1
玉ねぎ(みじん切り) ——————— ⅓個
「チョコレート効果CACAO 95%」
————————————————— 4枚
A　おろししょうが —— 小さじ1
　　コリアンダーパウダー
　　——————————— 小さじ½
　　ターメリックパウダー
　　——————————— 小さじ¼
　　塩 ————————— 小さじ1

作り方

1 精白米は洗ってざるにあげて水気をきり、水を加えて雑穀ミックス米を入れて30分〜1時間浸水させる。

2 フライパンにオリーブ油もクミンシードを入れて弱火にかけ、クミンシードがはじけてきたら、玉ねぎを加えて炒める。Aと刻んだチョコレートを加え、なじむように炒め混ぜて火を止める。

3 1に2を加えて軽く混ぜて炊飯器で炊き、器に盛る。

韓国風 辛うま黒カカオソース

ガツンとくる辛さで、
うまみが続く大人の味

材料(作りやすい分量)
「チョコレート効果CACAO 95%」	4枚
酒	小さじ2
豆板醤	大さじ1
ケチャップ	小さじ2
酢	小さじ2
にんにく(すりおろし)	小さじ1
ナンプラー	小さじ1

作り方

1 チョコレートを刻んで耐熱ボウルに入れ、酒を加えて電子レンジで40〜60秒加熱する。

2 1に豆板醤、ケチャップ、酢、にんにく、ナンプラーの順に加え、その都度なめらかになまで混ぜる。

豆腐×高カカオのヘルシージョン

豆腐と卵の優しい味わいを、うま辛だれが包みます

材料（2人分）

豆腐（木綿） ················· 1丁（300g）
塩 ··· 少々
小麦粉 ···································· 適量
卵 ··· 1個
ごま油 ·································· 小さじ2
韓国風 辛うま黒カカオソース

···························· 適量

作り方

1 豆腐はペーパータオルにはさみ、電子レンジで3分加熱して水気をしっかりときり、6等分の薄切りにして、塩をまぶし、小麦粉をはたきつける。卵は溶きほぐす。

2 フライパンにごま油を中火で熱し、豆腐に卵液を絡めて並べ焼く。焼き色がついたら裏に返し、弱めの中火でふたをし、5分蒸し焼きにする。

3 ふたを開けて水分を飛ばすようにして両面を焼いたら器に盛り、韓国風 辛うま黒カカオソースをつけていただく。

まっ黒ごまチョコだれ

ごまの甘みとチョコレートの苦みが
みそのうまみを引き出します

材料(作りやすい分量)
「チョコレート効果CACAO 95%」 ·············· 4枚
みりん ································· 大さじ2
黒ごま(すり)・中濃ソース ·············· 各大さじ3
みそ ································· 小さじ4

作り方

1 チョコレートを刻んで耐熱ボウルに入れ、みりんを加えてレンジで40〜60秒加熱する。

2 1に黒ごま、みそ、中濃ソースの順に加え、その都度なめらかになるまで混ぜる。

蒸ししゃぶとズッキーニの黒だれ和え

ごまとカカオの香りが食欲をそそる！！

材料（2人分）

オクラ	6本
ズッキーニ	1本
みょうが	2個
玉ねぎ	½個
豚肉（ロース、しゃぶしゃぶ用）	8枚
水	大さじ2
まっ黒ごまチョコだれ	適量

作り方

1 オクラは斜め半分に切る。ズッキーニは斜め薄切りにして塩（分量外）をふって軽くもみ、しんなりしたら水気を絞る。みょうがは縦半分に切ってから斜め薄切りにする。

2 玉ねぎはくし形に切ってフライパンに広げ入れ、その上にオクラをのせ、豚肉を広げる。そこに水を回し入れてふたをし、中火にかけて約5分蒸し煮にする。

3 火を止め、そのまま2～3分蒸らして水気をきり、1のズッキーニとまっ黒ごまチョコだれを加えて混ぜる。　全体に絡まったらみょうがを加えてさっと混ぜて器に盛る。

ほうれん草とごぼうのキーマカレー

コクを感じたあと、辛みがスーッとたち上る。
短時間で何時間も煮込んだような味わいに

材料(2人分)

ごぼう	1本(160g)
ほうれん草	½束
オリーブ油	大さじ½
玉ねぎ(みじん切り)	⅓個
にんにく(みじん切り)	1片分
しょうが(みじん切り)	½かけ
ひき肉(合いびき)	150g
カレー粉	大さじ2・½
トマト水煮缶(ダイスカット)	200g
ハチミツ	小さじ2
水	1カップ
コンソメスープの素	小さじ1
「チョコレート効果CACAO 95%」	3枚
ウスターソース・しょうゆ	各小さじ1
塩・こしょう	少々
ごはん	300g
卵	2個

作り方

1 ごぼうは太いところは縦に半分に切り、全体を横に1cm幅に切る。ほうれん草はさっとゆでて水気を絞り、短めに刻む。

2 鍋にオリーブ油と玉ねぎ、にんにく、しょうがを入れて弱火で炒め、香りが立ったら強火にし、ひき肉を加えてほぐしながら炒め、肉の色が変わってきたら肉汁を飛ばすようにしっかりと炒める。

3 ごぼうとカレー粉を加えて炒め合わせ、全体になじんだらトマト水煮缶、ハチミツを加える。

4 煮立ったら、水とコンソメスープの素を入れ、チョコレートを割り入れ、ウスターソース、しょうゆも加えて混ぜる。煮立ったら弱めの中火で、時々かき混ぜながら15〜20分煮る。

5 ほうれん草を加え、塩・こしょうで味を調える。器にごはんを盛り、カレーをかける。温泉卵を作り、上にのせる。

汁なし混ぜ麺

カカオ風味の大人味の肉みそ。濃厚なのに後味すっきり、クセになりそう！

材料（2人分）

もやし	½袋
豆苗	½袋
中華生麺	2玉
卵黄	2個分
［下味］	
めんつゆ	大さじ1・½
ごま油	小さじ1
黒酢	大さじ1（＊なければ酢でも可）
［肉みそ］	
ごま油	大さじ1
豚肉（ひき）	150g
A チョコレート効果CACAO 95%	
	3枚
しょうが（みじん切り）	1かけ
酒・みそ	各小さじ4
砂糖・オイスターソース	
	各小さじ1
水	⅓カップ

作り方

1 もやしは耐熱皿に入れラップをふんわりとかけて、電子レンジで1分30秒加熱し水気をきっておく。豆苗は長さ2cmに切る。

2 肉みそを作る。フライパンにごま油を熱し、豚肉を加えて炒め、肉の色が変わってきたら**A**の材料を入れ、汁気が少し残る程度までかき混ぜながら煮詰める。

3 中華生麺は袋の表示通りにゆで、流水で洗ってぬめりをとってから水気を絞り、下味の材料を加えて絡める。

4 器に麺を盛り、1の野菜と肉みそをのせ、中央に卵黄をのせ、混ぜながらいただく。

「チョコレート効果」で
料理がおいしくなる理由①

発酵食品×発酵食品はおいしさを倍々マシに!?

「なぜわざわざ料理にチョコレートを使うの?」と思った方もいるのでは?
なぜチョコレートを使うと料理がおいしくなるのか、
ちょっとした秘密をご紹介します。

チョコレートが「発酵食品」だって知っていましたか? チョコレートの原料であるカカオ豆は、収穫されると皮を削がれ、果肉と一緒に数日間、バナナの葉などと共に発酵させられます。発酵方法は国によってさまざまであり、発酵に関わる菌や方法によって、カカオの味や香りも変わるといわれています。

そんな発酵食品であるチョコレートは、ほかの発酵食材との相性が抜群! 最近では、しょうゆとカカオを合わせて熟成させた「カカオ醤」や「カカオみそ」も開発されているとか。

この本では、毎日の食卓に上るようなおなじみの料理にも「チョコレート効果」を積極的に使ったレシピが満載です。発酵食品とカカオの相性、そしてお互いに味を深め合う効果なども、発酵食に慣れている私たちだからこそ、楽しく実感できるはずです。

「チョコレート効果CACAO 95%」を隠し味化!

いつもの料理に、「チョコレート効果CACAO 95%」を入れるだけで、
料理が簡単にグレードアップ!

「チョコレート効果CACAO 95%」は、料理の隠し味として、非常に優秀です。深いコクと香り、ほかの調味料では出せない独特の風味がプラスされます。何よりポリフェノールを含め、カカオのさまざまな成分がプラスされるのも◎。カレーやビーフシチューといったスパイス系を使った煮込み料理や、先ほども述べたように、発酵食品ということもあって、同じ発酵食品の調味料との相性も非常にいいので、サバのみそ煮といったみそを使った煮込み料理に入れるのもOKです。

発酵食品つながりでいえば、砕いたチョコレート効果を、納豆にまぶして味つけに塩昆布を入れるのもおいしいですよ。高カカオチョコレートに納豆ときくと、少し「えっ?」っと思うかもしれませんが、ぜひ一度試してみてください。

「チョコレート効果 CACAO 86％」を使ったお酒がすすむ、魅惑のヘルシーおつまみ！

チョコレートは発酵食品なので、
チーズやみそなどの発酵食品との相性が抜群。
そのほか、香りのいいきのこやシーフードなど、
お酒とよく合う食材を、
より味わい深くする力がチョコレートにはあります。
チョコレートパワーで、いつものおつまみをワンランクアップ！

高カカオ梅みそ

意外に相性ピッタリ！
チョコレートのコクを梅が爽やかに

材料(作りやすい分量)
梅干し ───────────── 大2個(30g)
「チョコレート効果CACAO 86%」───── 3枚
白ワイン ───────────── 小さじ2
出汁しょうゆ ─────────── 小さじ2
酢 ─────────────────── 小さじ1

作り方
1 梅干しは種を取ってから、ペースト状に
　なるように、包丁の背でたたく。

2 チョコレートは粗く刻んで耐熱皿に入れ、
　白ワインを入れて電子レンジで30秒加
　熱し、1を加えて混ぜる。なめらかにな
　ったら出汁しょうゆと酢を加え、混ぜる。

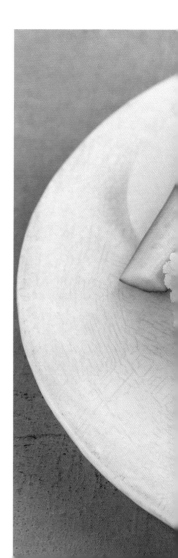

爽やかなコクのおつまみ野菜スティック

チョコレートのパンチが野菜の甘みを引き立てる！

材料

きゅうり	1本
大根	2cm
スティックカリフラワー	1〜2束
スナップエンドウ	3個
ラディッシュ	2個
高カカオ梅みそ	適量

作り方

1 きゅうりは食べやすい棒状に切り、大根は薄い半月切りにする。スティックカリフラワーとスナップエンドウはさっとゆで、食べやすく切り分ける。ラディッシュも半分に切り、高カカオ梅みそをつけていただく。

高カカオドレッシング

チョコレートは、味を引き立たせる
縁の下の力持ち

材料（作りやすい分量）
「チョコレート効果CACAO 86%」
―――――――――――――― 12枚
お湯 ―――――――――― 大さじ2〜3
オリーブ油 ―――――――― 大さじ5
しょうゆ ――――――――― 大さじ2
フラクトオリゴ糖 ―――――― 小さじ2
酢 ―――――――――――― 大さじ2
粗びき黒こしょう ―――――― 小さじ½

作り方

1 チョコレートは粗く刻んで耐熱皿に入れ
   お湯を注ぎ入れ、混ぜて溶かす。

2 1にオリーブ油、しょうゆ、フラクトオ
   リゴ糖、酢の順に加え、その都度なめら
   かになるまで混ぜ、最後に粗びき黒こし
   ょうを加え混ぜる。

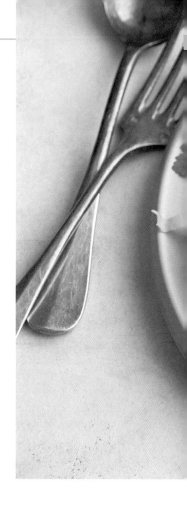

白菜とカリカリ油揚げ、三つ葉、みかんの和サラダ

みかんや三つ葉などの和の食材も、チョコレートとの相性は抜群！

材料（2人分）

白菜	1〜2枚
三つ葉	1束
みかん	1個
油揚げ	1枚
高カカオドレッシング	適量

作り方

1　白菜は縦半分に切ってから横に細切りにする。三つ葉は食べやすい長さに切り、みかんは皮をむきひと口大に切る。

2　油揚げは細切りにして、フライパンに油をひかずにから煎りし、こんがり焼き色がついたら取り出す。

3　ボウルに1と2を加えてさっくりと混ぜて器に盛り、高カカオドレッシングをかける。

高カカオ★カマンベールチーズと
セロリの漬けサラダ

チーズ×カカオの発酵したうまみが絡まり合い、おいしさを深めます

材料（2人分）
カマンベールチーズ（カットタイプ）
.... 3個
セロリ 1本
ミニトマト .... 4〜5個
「チョコレート効果
　CACAO 86%」 2枚
A｜ごま油・酢 各小さじ1
　｜しょうゆ 大さじ1
　｜ゆずこしょう 小さじ1

作り方
1　ポリ袋に、カマンベールチーズとひと口大に切った
　　セロリを入れてAを加え、空気を抜いて口を閉じ、
　　半日漬ける。

2　汁気をきった1に半分に切ったミニトマトと、粗く
　　刻んだチョコレートを加えて和え、器に盛る。

じゃがレットエッグの
高カカオチーズかけ

焼けたチーズとカカオの香りの誘惑が、鼻の奥をくすぐります

材料（2人分）

じゃがいも	1個
コンソメスープの素	小さじ½
シュレッドチーズ	20g
オリーブ油	大さじ½
卵	1個
水	大さじ1
「チョコレート効果CACAO 86％」	2枚
パルメザンチーズ	小さじ2〜3
粗びき黒こしょう	少々

作り方

1　じゃがいもはせん切りにし、コンソメスープの素と
シュレッドチーズを加えて混ぜる。

2　フライパンにオリーブ油を入れて熱し、1を入れて
木べらなどで押し付けながらこんがりと焼く。じゃ
がいもがくっついてきたら裏返し、卵を割ってのせ、
フライパンの周りから水を回し入れ、ふたをしてそ
のまま2分ほど蒸し焼きにする。

3　ふたを取り、水分が飛んだら器に盛る。削ったチョ
コレートとパルメザンチーズを全体にまぶし、粗び
き黒こしょうをふる。

ねぎみそ×カカオの新風味★目玉しいたけ

みその渋みとカカオのコクで奥深い味わいに。
和洋のお酒どちらにも合う！

材料（2人分）

しいたけ	4個
「チョコレート効果CACAO 86%」	
	1枚
ねぎ	⅓本
みそ	小さじ4
みりん	小さじ1
うずらの卵	4個

作り方

1 しいたけは軸を取る。取った軸は石づきを取り除きみじん切りにする。チョコレートは粗く刻む。

2 ねぎをみじん切りにし、みそ、みりん、1を混ぜて、しいたけのかさの裏に塗り、中央を少しくぼませて、うずらの卵を割り入れる。オーブントースターに並べ、約4～5分卵に火が通るまで焼く。

ワインと食べたいきのこのチョコ黒ソテー

きのことカカオの香りのハーモニー♪ 今夜のワインは止まらないかも?

材料(2人分)

まいたけ	1パック
エリンギ	1本
マッシュルーム	4個
豆苗	½袋
オリーブ油	小さじ2
にんにく(みじん切り)	½片

A 「チョコレート効果
　　　CACAO 86%」 ········· 1枚
　　白ワイン ············ 大さじ1
　　砂糖・しょうゆ
　　　　　　　　　　各小さじ½
　　みそ・粒マスタード
　　　　　　　　　　各小さじ2

作り方

1 まいたけは食べやすい大きさにほぐし、エリンギは長さを半分に切って薄切りにする。マッシュルームは5mm幅に切る。豆苗は半分に切る。

2 耐熱皿に砕いたAのチョコレートと白ワインを入れて、電子レンジで20〜30秒加熱し、残りのAの材料を混ぜる。

3 フライパンにオリーブ油を入れて熱し、にんにく、1のきのこ類を入れて強火で炒める。しんなりしてきたら、2を加えて炒め合わせ、なじんだら豆苗を加えてさっと火を通し、器に盛る。

カレー風味のナッツポテトサラダ

カレーとチョコレートのパンチある風味で、ポテトサラダがワインのお供に

材料(2人分)
じゃがいも ──────── 2個
きゅうり ──────── 1本
玉ねぎ ──────── ¼個
「チョコレート効果CACAO 86%」
　 ──────── 2枚
卵 ──────── 1個
ミックスナッツ ──────── 20g
A　カレー粉 ──────── 小さじ1
　　水切りヨーグルト ──────── 大さじ2
　　マスタード ──────── 小さじ2
　　塩こうじ ──────── 大さじ1
　　こしょう ──────── 少々

作り方
1　じゃがいもは洗い、濡れたままペーパータ
　　オルで1個ずつ包み、さらにラップで包ん
　　で電子レンジで3分加熱し、裏返してさら
　　に3分加熱する。

2　きゅうりと玉ねぎはそれぞれ薄切りにし、
　　塩少々(分量外)をふり、5分ほど置いてし
　　んなりしたら、ペーパータオルにとって水
　　気をしっかりきる。チョコレートは粗く刻
　　み、卵はゆでてから1cm角程度に切る。

3　大きめのボウルにAの材料を入れて混ぜる。

4　じゃがいもの粗熱が取れたら皮をむいて3
　　のボウルに入れて、フォークなどで粗く崩
　　しながら混ぜる。2とミックスナッツを加
　　え、さっくりと混ぜて器に盛る。

牡蠣のベーコン巻きソテー高カカオ風味

温かいチョコレートはシーフードにも合うんです

材料(2人分)

ベーコン ………… 2枚
「チョコレート効果
　CACAO 86%」 ……… 1枚
牡蠣(スモーク缶詰) … 4個
バゲット(スライス) … 4枚
粗びき黒こしょう …… 少々

作り方

1 ベーコン2枚は半分に切る。チョコレートは4等分にする。牡蠣はキッチンペーパーで汁気をとる。

2 ベーコンの上にチョコレートと牡蠣を乗せくるりと巻いて楊枝でとめる。

3 フライパンにオリーブ油(分量外)を薄くぬり、弱めの中火にかけ、**2**を並べ入れベーコンに焼き色がつく程度に動かしながら焼く。バゲットの上にのせ、仕上げに粗びき黒こしょうをふる。

チョコいもチーズ

市販の焼きいもを使っておしゃれなおつまみに

材料(2人分)

焼きいも ………… ⅓本
「チョコレート効果
　CACAO 86%」 … 2枚
スライスチーズ
　……………… 1～2枚
バゲット(スライス) … 4枚
ミント ………… 適量

作り方

1 焼きいもは皮付きのまま薄切り(大きいものはバゲットにあわせて切る)。チョコレートは半分に割る。スライスチーズは4等分に切る。

2 バゲットの上に焼きいも、チョコレート、スライスチーズの順にのせて4個作り、オーブントースターで約5分焼く。好みでミントをのせる。

ピリッと焼きチョコ

酸味と辛みの二重奏

材料(2人分)

レーズン食パン ………………… 1枚
「チョコレート効果CACAO 86%」
　……………………………… 3枚
ゆずこしょう ………… 小さじ2

作り方

1 レーズン食パンは6等分に切る。チョコレートは半分に割る。

2 レーズン食パンの上に、チョコレートを1個ずつのせ、オーブントースターで約5分焼く。

3 器に盛り、等分にゆずこしょうをのせる。

アボカドとサーモンのチョコタルタル

サーモンとアボカドのリッチな脂を、チョコの苦みが引き立てる

材料(2人分)
「チョコレート効果CACAO 86%」
.... 3枚
サーモン(刺身用) 120g
玉ねぎ .... ⅛個
ケイパー 10g
バルサミコ酢 小さじ1
アボカド 1個
塩 .... 少々
ピンクペッパー .... 適宜
A 水切りヨーグルト 大さじ1
　マスタード・オリーブ油
　　　　　　　　　　各小さじ1
　塩 .... 小さじ⅓
　こしょう .... 少々

作り方

1 チョコレートはチーズ用グラインダーなど
で削る(なければ包丁で削るように薄切りにす
る)。

2 サーモンは厚手のペーパータオルにはさん
で余分な水気をしっかりととり、粗く刻む。
玉ねぎとケイパーはみじん切りにしてバル
サミコ酢とともにサーモンと混ぜる。

3 アボカドは皮と種をとり、ボウルに入れて
フォークなどで粗くつぶし Aと塩、1の半
量を加え混ぜる。

4 器にセルクル型をのせて 3を入れ、2をの
せて型を抜き、1の残りとピンクペッパー
を散らす。

チョコ★ヤンニョムチキン

カカオの風味があま辛味を引き締める

材料（2人分）
鶏手羽中（スティック）―――――― 12本
　しょうゆ ――――――――― 小さじ1
　米粉 ―――――――――― 大さじ1
　（なければ薄力粉でも代用可）
ごま油 ――――――――――― 大さじ1
白ごま（炒り）――――――――― 少々
A「チョコレート効果CACAO 86%」
　　　　　　　　　　　　　　　 2枚
　トマトケチャップ ―――――― 大さじ1
　コチュジャン ――――――― 大さじ2
　ハチミツ・酢 ―――――― 各小さじ1
　にんにく（すりおろし）―――― 小さじ1

作り方

1 ポリ袋に鶏手羽中を入れてしょうゆを加えてよくもみ込む。なじんだら米粉を加え、さらに袋の上からもみ込む。

2 Aのチョコレートは砕き、残りの材料と混ぜておく。

3 フライパンにごま油を中火で熱し、1を並べ入れて焼く。2を加えてチョコレートを溶かしながら、焼き絡める。器に盛り、白ごまをふる。

あま辛カカオナッツ

クミンの香りの後にカカオの苦みがふわり。
ナッツの香ばしさも口いっぱいに

材料（2人分）
オリーブ油 ───────────── 小さじ2
クミンシード ───────────── 小さじ1
ミックスナッツ（無塩・ロースト） ── 100g
白ごま（炒り） ───────────── 大さじ1
きび砂糖 ───────────── 小さじ4〜5
しょうゆ ───────────── 小さじ2
「チョコレート効果CACAO 86%」
─────────────── 2枚

作り方
1 フライパンにオリーブ油とクミンシードを
入れて中火にかけ、クミンシードがはじけ
てきたら、ミックスナッツと白ごまを入れ
て中火で1〜2分煎る。

2 弱火にしてきび砂糖としょうゆ、刻んだチ
ョコレートを入れて煮詰める。ナッツによ
く絡んだら火から下ろし、オーブンペーパ
ーをしいたバットの上に広げ、冷ます。

ほうれん草と
モッツァレラのチョコだれ和え

カカオとほうれん草のほどよい苦みがマッチ。ワインにも焼酎にも

材料（2人分）
ほうれん草 ―――――――――――― ½束
ミニトマト ―――――――――――― 4個
モッツァレラチーズ ――――――――― ½個
A 「チョコレート効果CACAO 86%」
　　　　　　　　　　　　　　　　　　 1枚
　 ウスターソース ――――――――― 小さじ2
　 しょうゆ ―――――――――――― 小さじ1

作り方

1 耐熱皿にAのチョコレートを砕いて入れ、残りの材料を入れて電子レンジで20〜30秒加熱し、混ぜる。

2 ほうれん草はたっぷりのお湯でゆで、流水にさらしたあと、水気をしっかりと絞る。ミニトマトは2〜4等分に切る。モッツァレラチーズは食べやすい大きさに割る。

3 ほうれん草に1を加えて混ぜ、なじんだらミニトマトとモッツァレラチーズを混ぜ、器に盛る。

牛こまのアジアンカカオサテ

ピーナツバターのコクとカカオの香りが好相性！ ビールがすすむ逸品に

材料（2人分）
「チョコレート効果CACAO 86%」
―――――――――――――― 2枚
ココナッツミルク ――――― 大さじ2
ナンプラー ―――――――― 大さじ½
ピーナツバター（チャンクタイプ）
―――――――――――――― 大さじ1
にんにく（すりおろし） ――― 小さじ½
牛肉（こま切れ） ――――――― 200g
［飾り用］
パクチー ―――――――――― 適量
紫玉ねぎ ―――――――――― 適量

作り方
1 たれを作る。耐熱皿に砕いたチョコレートを入れ、ココナッツミルクとナンプラーを加えて軽く混ぜ、電子レンジで30〜40秒加熱する。ピーナツバターとにんにくも入れて混ぜる。

2 牛肉に1をもみ込むようにして絡め、折り曲げるようにして串にさす。

3 魚グリルまたは、オーブントースターに入れ、強めの中火で7〜8分焼く（途中で焦げそうなときは、ホイルをかぶせる）。器に盛り、パクチーと紫玉ねぎの薄切りを添える。

キャロットチョコラペ

オレンジの爽やかな風味と、ほのかに香るカカオがベストマッチ

材料(2人分)
にんじん ───────────── ½本
塩 ─────────────── 小さじ⅓
オレンジ ───────────── 1個
「チョコレート効果CACAO 86%」
─────────────────── 2枚
くるみ(無塩・ロースト) ───── 15g
A │ 白ワインビネガー・粒マスタード・
　│ オリーブ油 ──────── 各大さじ1
　│ 甘酒(濃縮) ──────── 小さじ2

作り方

1 にんじんはせん切りにしてポリ袋に入れて塩をふり、袋の上から軽くもむ。オレンジは皮をむいて小房に分ける。

2 Aの材料をボウルに入れて混ぜ、水気を軽く絞った1のにんじんを加える。さらに刻んだチョコレート、刻んだくるみを加え、和えて器に盛る。

「チョコレート効果」で
料理がおいしくなる理由②

カカオの香り成分は、味わいを膨らませる立役者

お酒に合わせるおつまみにもチョコレートを使うのを
おすすめした理由のひとつは、食材の味だけでなく香りも引き立たせるから。
特にお酒と食べ物を合わせるときには、香りが仲だちとなってくれます。

日本人にとってチョコレートはお菓子の
イメージが強く、食材として意識している
人は少ないはず。しかしカカオの故郷・中
南米では、チョコレートを使った料理が
多彩です。チョコレートを使った"モレソ
ース"でいただく肉料理など、さまざまな
料理が楽しまれています。

チョコレートが料理にも合う理由のひと
つに、「香り」のすばらしさがあります。
焙煎したカカオには、コーヒーやフルーツ
にも含まれている成分など、数百種類以上
の香り成分が含まれているといわれます。

発酵や焙煎の仕方によっても変わります
が、香ばしいナッツ系の香りや花やハーブ
の爽やかな香り、ラム酒やウイスキー、ス
パイス類に似た個性的な香りなど、さまざ
まな香りを楽しめるのです。風邪をひいて
鼻が効かないと食事がおいしくないと感
じることがありますよね？　このことか
らわかるように、私たちがおいしく感じる
ためには、舌だけでなく嗅覚も大切です。
カカオの豊かな香り成分は、味に広がりと
深みを与え、より料理をおいしく感じさせ
てくれる可能性に満ちているのです。

「チョコレート効果 CACAO 72％」を使った、からだ想いのヘルシー満足スイーツ

「チョコレート効果」は甘さ控えめなので、
スイーツに使うと上品な甘さの大人の味わいに。
焼きたての菓子にチョコレートをはさんでクリーム代わりに、
ナッツやシリアルなど粒状の食材を固めて
スイーツにするのにもぴったりです。
さまざまなアレンジを楽しんでください。

ざくモチッ♪ シリアルチョコバー

栄養豊富なオートミールで作る、食感も楽しいヘルシースイーツ

材料（6〜8本分）

オートミール	30g
牛乳	大さじ3
「チョコレート効果CACAO 72%」	10枚
レーズン	15g
ミックスナッツ（無塩・ロースト）	30g
ドライクランベリー	15g
ドライオレンジ	10g

作り方

1 オートミールを耐熱皿に入れ、牛乳を加え、ラップをかけて電子レンジで1分加熱する。さらに刻んだチョコレートとレーズンを加え、ラップをはずし電子レンジで30秒〜1分加熱する。

2 ミックスナッツと刻んだドライクランベリー、ドライオレンジを加えて混ぜ、バットなどにクッキングシートをしいてしっかり詰める。冷蔵庫で1〜2時間冷やし固め、切り分ける。

お麩チョコラスク

お麩の食感がサクサク楽しい！ パクパク食べちゃえます

材料(つくりやすい分量)
麩(焼き) ───────── 30g
「チョコレート効果
　CACAO 72%」───── 8枚
甘酒(濃縮) ─────── 大さじ2
フラクトオリゴ糖 ── 大さじ2

作り方

1 麩を耐熱皿に広げてのせ、ラップをせずに電子レンジで10〜20秒加熱してよく乾燥させる。

2 耐熱ボウルに粗く刻んだチョコレートと甘酒、フラクトオリゴ糖を入れて混ぜ、湯煎で溶かす。

3 1を加えて全体に絡むまで混ぜ、天板にオーブンペーパーを敷き、その上に重ならないように並べ入れる。150℃に予熱したオーブンで10〜13分焼く。

ジャパニーズ・ウーピーパイ

アメリカの伝統的パイを和食材で作る、からだにやさしいおやつ

材料
（直径6cm×高さ2.5cmのミニ耐熱
ボウル4個分）

卵	2個
牛乳	大さじ4
米油	大さじ2
フラクトオリゴ糖	大さじ2
米粉	60g
ベーキングパウダー	小さじ1
ココアパウダー	10g
A 豆腐（絹ごし）	100g
「チョコレート効果 CACAO 72%」	12枚

作り方

1 Aのクリームを作る。豆腐は水気をきりフードプロセッサーにかけ、湯煎で溶かしたチョコレートを混ぜる。

2 ボウルに卵を割りほぐし、牛乳、米油、フラクトオリゴ糖を入れて泡立て器でよく混ぜる。

3 米粉とベーキングパウダー、ココアパウダーを一緒にふるいながら2に加え、さっくりと混ぜる。

4 ミニ耐熱ボウルに3を8等分に流し入れ、2個ずつ電子レンジに入れ、200Wで1分、次に500Wで1分30秒加熱する。残りも同様に加熱する。

5 粗熱が取れたらボウルから取り出し、2個を一組にして、間に1を塗って挟み、冷蔵庫で30～40分冷やす。

おからの高カカオチップクッキー

おからで作ったとは思えないしっとり感！ チョコレートのコクが味わい深い

材料(約20個分)

卵	1個
なたね油	大さじ3
牛乳	大さじ2
きび砂糖	20〜30g
おからパウダー	50g
アーモンドパウダー	20g
ベーキングパウダー	
	小さじ½
「チョコレート効果 CACAO 72%」	8枚

作り方

1 ボウルに卵を割りほぐし、なたね油、牛乳、きび砂糖を加えてよく混ぜる。

2 1におからパウダーとアーモンドパウダー、ベーキングパウダーを加えて混ぜ、粗く砕いたチョコレートを加え、混ぜる。

3 2を約20等分にして丸め、中央を指で押して形を整え、オーブンペーパーをしいた天板の上にのせる。

4 180℃に予熱したオーブンで約15〜20分焼く。

豆腐を使った大人の
生チョコケーキ

しっとりなめらかな生地が口に溶け
高カカオの余韻にうっとり

材料
（縦18cm×横8cm×高さ6cmの
パウンド型）

「チョコレート効果 CACAO 72%」	30枚
牛乳	大さじ2
ラム酒	小さじ1
豆腐（絹ごし）	200g
きび砂糖	40g
卵	2個
米粉	10g

作り方

1 チョコレートは刻んで牛乳を加え、電子レンジで30〜40秒加熱して溶かし、ラム酒を混ぜる。

2 豆腐は水きりをし、裏ごししてなめらかになったら、ボウルに入れ、きび砂糖を加えて混ぜる。卵を1個ずつ割り入れ、その都度泡立て器でよく混ぜる。

3 2に1を加えてよく混ぜ、米粉を加えてさらに混ぜ、オーブンペーパーをしいたパウンド型に流し入れ、平らにならす。160℃に予熱したオーブンの天板にお湯をはり、その中にパウンド型を入れ、40〜50分湯煎焼きにする。

4 焼きあがったら型に入れたまま冷まし、粗熱が取れたら冷蔵庫で1〜2時間ほど冷やし、切り分ける。

スイートポテトトリュフ

市販の焼きいもで、あっという間に作れる本格トリュフ

材料(約12個分)

焼きいも	100g
牛乳	大さじ1〜2
オートミール	30g
「チョコレート効果CACAO 72%」	10枚
ココナッツファイン(ココナッツの果肉を細かく削ったもの)	適量

作り方

1 焼きいもの皮を取り、牛乳とオートミールを加えてフードプロセッサーでなめらかになるまで攪拌し、12等分に丸める。

2 チョコレートは細かく刻んで湯煎で溶かし、1に絡め、バットなどにしいたココナッツファインの上にのせて転がしながらまぶしつける(絡めるのが難しい場合は、1に溶かしたチョコレートを混ぜて、冷蔵庫で30分〜1時間ほど冷やし、少し落ち着かせてから丸め、ココナッツファインをまぶしても可)。

簡単！　高カカオチョコチーズケーキ

クリーミーなチョコレート生地が口でとろけて、チーズの香りがふわり

材料（マグカップ2個分）※
「チョコレート効果CACAO 72%」
　　　　　　　　　　　　　4枚
牛乳 ………………………… 大さじ2
卵 ……………………………… 1個
きび砂糖 …………………… 20g
パルメザンチーズ ……… 大さじ2
水切りヨーグルト ………… 100g
米粉 ………………………… 小さじ4

作り方

1 チョコレートを刻んで耐熱皿に入れ、牛乳を入れて電子レンジで20〜30秒加熱して溶かし、混ぜる。

2 卵を溶き、きび砂糖、パルメザンチーズを加えてよく混ぜ、なめらかになったら、水切りヨーグルトを加えてさらによく混ぜ、最後に米粉を加えて混ぜ合わせる。

3 マグカップに6〜7分目まで注ぎ入れ、電子レンジで2分30秒〜3分加熱し、粗熱が取れたら冷蔵庫で冷やす。

※マグカップの大きさは直径6〜8cm、高さ8cm程度の小さめのものを使用しています。

あったかチョコを抱いたおからケーキ

素朴な甘さのケーキの中で、じゅわっと濃厚チョコレートに出合います

材料（直径10cmの耐熱ボウル）

卵	1個
きび砂糖	小さじ3〜4
豆乳（無調整）	30g
おからパウダー	20g
ベーキングパウダー	小さじ½
ココアパウダー	小さじ1
「チョコレート効果CACAO 72%」	
	2枚

作り方

1 ボウルに卵、きび砂糖、豆乳を入れて混ぜ、おからパウダーとベーキングパウダー、ココアパウダーをふるいながら加え、混ぜる。さらにチョコレート1枚を刻んで軽く混ぜる。

2 直径10cmの耐熱ボウルに1の半量を入れ、その上に残りのチョコレート1枚をのせ、さらに残りの生地をのせる。平らにならし、電子レンジでラップをせずに2分30秒〜3分加熱する。

チョコバナナのおからトリュフ

乳製品を使わずに、くちどけなめらか＆濃厚なトリュフに

材料（10個分）

バナナ	2本(160g)
おから(生)	大さじ3〜4
「チョコレート効果CACAO 72%」	10枚
ココアパウダー	適量

作り方

1 バナナはフォークなどでピューレ状につぶして、おからを加えて混ぜ、10等分に丸める。

2 チョコレートは細かく刻んで湯煎で溶かし、1に絡める（絡めるのが難しい場合は、1に溶かしたチョコレートを混ぜ、冷蔵庫で30分〜1時間ほど冷やして少し落ち着かせてから丸め、ココアパウダーをまぶしても可）。

3 バットにココアパウダーを入れて広げ、その上に2をのせ、転がしながらまぶしつける。

豆乳高カカオチョコプリン

植物性食材で作る、ビター＆ヘルシーななめらかプリン

材料（2人分）
水 ·················· 大さじ2
ゼラチン（粉） ·········· 5g
「チョコレート効果
　CACAO 72%」 ···· 10枚
豆乳 ··············· 220mℓ
フラクトオリゴ糖
　 ················· 大さじ2

作り方

1 水にゼラチンをふり入れてふやかしておく。

2 チョコレートを砕いて耐熱ボウルに入れ、豆乳を50mℓほど加えてラップをふんわりとかけ、電子レンジで40〜60秒加熱する。取り出して1を加えて溶かし混ぜ、フラクトオリゴ糖を加え、さらになめらかになるように泡立て器で混ぜる。

3 残りの豆乳を加えて混ぜ、ボウルの底に氷水を当てながらとろみがつくまで混ぜながら冷ます。器に等分に入れ、冷蔵庫で2〜3時間冷やし、固める。

パイシートで簡単★濃厚チョコパイ

サクサクパイの中の濃厚チョコレートが魅力的

材料（8個分）
冷凍パイシート（20×20cm）
.... 2枚
「チョコレート効果
　　CACAO 72%」........ 4枚
卵黄 1個分

作り方

1 冷凍パイシートはパッケージの表記に従って室温で戻し、16等分にする。半分は中央をクッキー型で抜き、残りの半分はフォークで数カ所穴をあける。

2 1のフォークで穴を開けたシートに半分に割ったチョコレートをのせ、ふちに卵黄を塗る。その上に1の型抜きをしたパイシートを重ね、ふちをフォークで押し、表面に卵黄を塗る。

3 天板にオーブンペーパーをしいて2を並べ、200℃に予熱したオーブンで10〜12分焼く。

カカオ香る
簡単ダブルチョコマフィン

混ぜて焼くだけ！
大豆の素朴な味をチョコレートの香りが引き立てます

材料(直径7cm×高さ6cmのココット2個分)
「チョコレート効果CACAO 72%」 ······ 5枚
牛乳 ······ 50mℓ
卵 ······ 1個
きび砂糖 ······ 大さじ1〜2
ホットケーキミックス(大豆粉) ······ 100g

作り方

1 チョコレート3枚は刻み、分量の牛乳から大さじ1分だけとりわけて混ぜ、電子レンジで20〜30秒加熱し溶かしておく。

2 ボウルに卵を溶きほぐし残りの牛乳ときび砂糖を混ぜてなめらかになったら、ホットケーキミックス、**1**を加えて混ぜる。

3 耐熱のココットに**2**を半分までいれ、その上に残りのチョコレート2枚を1枚ずつのせる。さらにその上に**2**の残りの生地をのせて平らにならす。オーブントースターで約10分焼く。

おもてなし黒豆ショコラ

甘すぎない黒豆×ビターなチョコレートはおもてなしに

材料(作りやすい分量)
黒豆の甘煮 ………… 100g
「チョコレート効果
　　CACAO 72%」… 20枚
ココアパウダー
　……………… 大さじ3～4
抹茶パウダー
　……………… 大さじ3～4

作り方

1 黒豆はペーパータオルの上にのせて汁気を吸わせて乾燥させておく。チョコレートは刻んでボウルに入れ、湯煎で溶かす。

2 ボウルに1の黒豆を入れ、1のチョコレートを⅕量ほど加え、全体に絡めるようにして混ぜる。

3 チョコレートが固まってパラッとなったら、再びチョコレートを⅕量ほど加えて絡めることを繰り返す(途中、チョコレートが固まりにくく、パラッとなりにくくなってきたら、ボウルごと冷蔵庫に入れて黒豆の表面を冷やす)。

4 チョコレートを全部絡めたら、半分に分け、半分にはココアパウダーを茶こしでふって全体にまぶす。残り半分には抹茶パウダーを茶こしでふって全体にまぶす。

ドライフルーツチョコもち

市販のもちをスイーツに。もちとナッツの食感が楽しい！

材料(作りやすい分量)
「チョコレート効果
　　CACAO 72%」 …… 16枚
ドライフルーツミックス
　　　　　　　　　…… 50g
もち(切り) …… 3個(150g)
牛乳 …………………… 80mℓ
砂糖 …………………… 大さじ2
ココアパウダー ………… 適量

作り方

1 チョコレートは刻んで湯煎で溶かす。ドライフルーツミックスは大きければ粗く刻み、さっとお湯を通して水気をきる。

2 もちは4等分に切り、大きめの耐熱ボウルに入れて、牛乳と砂糖を加えてラップをふんわりとかけ、電子レンジで2分加熱し、混ぜる。

3 2に1を加えて全体になじむまで混ぜ、もう一度ラップをふんわりとかけて、電子レンジで30〜40秒加熱してやわらかくし、均一になるまでよく混ぜる。

4 バットにラップをしき、そこにココアパウダーを薄くしく。その上に3をのせ、表面を平らにならして整える。粗熱が取れたら食べやすい大きさに切り分け、全体にもう一度ココアパウダーをまぶす。

白玉だんごのチョコあん

和のスイーツにもチョコレートは合う！　白玉の中からとろりチョコあん

材料(10〜12個分)
白玉粉 ──────────── 100g
ココアパウダー ────── 小さじ2
フラクトオリゴ糖 ─────大さじ3
水 ─────────── 50〜60mℓ
「チョコレート効果CACAO 72%」
────────────────── 6枚
きな粉 ───────────── 適量

作り方

1 ボウルに白玉粉とココアパウダー、フラクトオリゴ糖を入れて混ぜ、耳たぶくらいの硬さになるように、水を適宜足しながら練り混ぜる。

2 チョコレートを半分に割り、**1**を10〜12等分して包む。

3 鍋にたっぷりのお湯を沸かし、**2**を入れ浮き上がってきたら、2〜3分そのままゆでる。水気をきり、器に盛り、きな粉をまぶす。

オートミールとりんごのチョコマフィン

小麦粉もバターも不使用のヘルシースイーツ。大切な人へのプレゼントにも

材料
（底辺4cm×上辺7cm×高さ
5cmのマフィン型6個分）

『チョコレート効果
　CACAO 72%』 ┄┄ 12枚

米油 ┄┄┄┄┄┄┄ 大さじ1

卵 ┄┄┄┄┄┄┄┄┄ 2個

フラクトオリゴ糖
┄┄┄┄┄┄┄┄┄ 大さじ3

りんご ┄┄ 大½個（120g）

牛乳 ┄┄┄┄┄┄┄ 大さじ2

くるみ ┄┄┄┄┄┄┄ 20g

A｜オートミール
　　┄┄┄┄┄┄┄┄ 150g

　｜シナモンパウダー
　　┄┄┄┄┄┄┄┄ 小さじ1

作り方

1 オーブンは180℃に予熱する。マフィン型に紙カップをしいておく。

2 チョコレートを刻んでボウルに入れ、米油と混ぜて湯煎で溶かし、卵を溶いてから加え、フラクトオリゴ糖を加えてさらに混ぜる。

3 2にスライサーでせん切りにしたりんごを加えて軽く混ぜたら、Aを加えさっくりと混ぜる。少し粉っぽさが残った状態で牛乳と刻んだくるみを加え、ねっとりするまで混ぜる。

4 マフィン型に3を等分にして入れ、飾り用のオートミール（分量外）を振って軽くおさえ、180℃に予熱したオーブンで約20〜25分焼き、型に入れたまま冷ます。

PART 4

知ればもっと味わい深く楽しめる！

おもしろ＆なるほど
チョコレートの話

チョコレートや原料となるカカオには
さまざまな逸話やエピソードがいっぱい！
今まで人々に愛されてきた理由を知れば、
食べるときにより味わい深くなるはず。
そんな楽しい豆知識とともに、
クイズやトリビア集もご紹介。
楽しみながら、チョコレート博士になりましょう。

チョコレートhistory

5300年の歴史の上に作られた
「チョコレート効果」

チョコレートが今の形になるまでには、
ものすごくなが一い年月が流れているんです。
その歴史を知ることでチョコレートの味わいも
より深いものになるはずです。

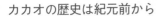

カカオの歴史は紀元前から

　チョコレートの主原料となるカカオの歴史の始まりは、およそ5300年前の紀元前3300年頃。エクアドルで食用とされていたことがわかっています。さらに、紀元前2000年前後には、現在のメキシコ湾岸沿いでもカカオが栽培されていたと推測されています。この地域は「メソアメリカ」と呼ばれ、マヤやアステカをはじめとする高度な文明が栄えたところです。この各地で、カカオの実を神に捧げている石彫が出土していることから、特別な作物であったことがわかります。そのほか、カカオは貢物、交易品、通貨としても用いられていました。

スペインからヨーロッパ諸国へ

　ヨーロッパに初めてカカオが持ち込まれたのはスペインでした。スペイン人の

エルナン・コルテスは、1521年にアステカ帝国を征服した際、その様子をスペイン本国に伝えるときに「ショコラトル」という不思議な飲み物があると報告します。これこそがカカオ豆で作られた飲み物＝チョコレートの元祖です。

　ショコラトルはカカオ豆、とうもろこしの粉、唐辛子などを混ぜて泡立てた、甘みのないスパイシーな飲料でした。これは本国スペインに渡って広まる際に、砂糖で甘みをつけたり、香辛料を加えるなどしてアレンジされていきます。しかしこの飲むチョコレートは、スペインでは宮廷の人々など一部の特権階級だけが楽しめる特別なものでした。そして飲むチョコレートは国外へ持ち出すことが禁

じられたため、100年近くに渡ってチョコレートはほとんどスペインの独占状態だったのです。

　しかしそんな秘密の飲み物も、次第に国境を超えて漏れ伝わるようになり、やがてヨーロッパ諸国へと広がっていきます。

　さらに19世紀に入ると、産業革命の進展により、ヨーロッパにチョコレート会社が続々と誕生し、技術革新が進んでいったのです。そして、近代チョコレートの基礎となる4大発明（ココア、固形化、ミルクチョコレート、コンチェ）が生まれていくのです。

4大発明①ココア

　19世紀に入るまで親しまれていたチョコレート飲料は、ココアバターの含有量（油脂分）が多いために水やミルクと混ざりにくいものでした。さらにカカオ豆の発酵過程でできた有機酸が残るため酸みが強く、湯気とともに立ち登る酸臭（さんしゅう）が鼻をついて飲みにくいことが課題でした。

　そんな中、1828年、オランダ人のC.Jバンホーテンによる2つの発明が、おいしく飲むココアを現代に誕生させたのです。ひとつは酸みの強さをアルカリ処理してマイルドに飲みやすくする「ダッチプロセス」製法。

　もうひとつはカカオ豆を絞ってココアバターを部分的に取り除く圧搾器の開発です。これにより油脂が少なく、お湯と

混ざりやすいココアパウダーが生まれたのです。この2つの発明により、飲み物としてのチョコレート＝ココアの歴史は大きく進歩し、その製法は今日まで受け継がれています。

4大発明②固形化

1847年、イギリスの菓子職人ジョセフ・フライが、初めて「食べるチョコレート」を発明しました。彼の発明のポイントは、ココア製造の副産物であるココアバターを使用したこと。カカオ豆と砂糖をすりつぶしたものに、より多くのココアバターを混ぜ合わせることで、チョコレートが固形化することを発見し、現在の食べるチョコレートの原型を作りました。固形化によって携帯しやすく、また保存性が高くなったことから、次第にチョコレートの主体は飲み物から食べ物へと変化していきます。

4大発明③ミルクチョコレート

ミルクチョコレートは1876年にスイス人のダニエル・ペーターが考案します。それまでのチョコレートにはミルクが含まれていませんでした。水分が多いミルクとココアバターは相性が悪く、チョコレートの流動性を無くしたり、保存性が低下したりするなどの課題があったからです。彼が考案したのは、液状のスイートチョコレートに加糖練乳を入れたものを長時間かき混ぜた後、冷やして固める製造方法です。温めて混ぜる間に水分が蒸発することで、ミルクの粒が細かくな

り、ココアバターの中にとじ込められます。それを冷やし固めることでミルクの成分がココアバターの結晶の中に分散して、ミルクチョコレートになるという原理です。この発明でチョコレートはマイルドな味わいとなり、現代のチョコレートの基本が整いました。

4大発明④コンチェ

　3つの発明を経たチョコレートですが、その口当たりはざらざらとして、なめらかさのないものでした。それを解消したのが1879年、スイスのロドルフ・リンツによるコンチェ（チョコレートの製造過程でココアバターを均一に行き渡るように撹拌（かくはん）させる機械）の発明です。彼はかつてメソアメリカでカカオやとうもろこしをすりつぶすのに使われていた原理を応用しました。その結果、個体の粒子が細かくなって、舌にざらつきを感じないなめらかな食感が実現します。さらにコンチェを使って長時間処理すると、チョコレートの水分が蒸発して流動性を改善することができ、型への充填（じゅうてん）作業の能率アップにもつながりました。

江戸時代には日本へ渡る

　こうして古代から長い年月をかけたチョコレートの旅は、4つの発明を経て、ついに「現代のチョコレート」として確立します。江戸時代には日本にも渡り、1899年には本格的なチョコレート産業がスタートします。

　初めは高価な贅沢品でしたが、第一次世界大戦終了後には需要が一気に拡大し、おやつ嗜好品として定着していきます。第二次世界大戦中の冬の時代を経て、戦後は技術革新による多種多様化が進みました。

　カカオの成分に着目し、生まれた「チョコレート効果」。人々のカカオへの思いは、古代から脈々と受け継がれ、形を変えながらも、今でも私たちの生活のそばにいてくれています。

チョコレートの奇跡の物語

神が生み出した!?
チョコレートのくちどけ

古代から「神々の食べ物」として珍重されてきたカカオ。
チョコレートのおいしさのもととなる、あの独特なくちどけにも、
カカオの持つ特性が大きく関わっているのです。

くちどけの秘密はココアバター

　チョコレートのおいしさの大きな特徴は、あのなめらかなくちどけ。口に入れたとたんに溶け出して、独特の香りが口の中に広がります。その鍵を握るのが、チョコレートに含まれるココアバターです。

　ココアバターとは、カカオ豆に含まれている油脂のことです。カカオ豆をローストし、種皮を取り除いて粉砕した胚乳部分をカカオニブといい、ここにはココアバターが50〜57%含まれています。チョコレートの製造でカカオニブをすりつぶしてカカオマスにする工程がありますが、ここでドロドロとしたペースト状になるのは、このココアバターの働きによるものです。

融点33.8℃の奇跡

　ココアバターは常温では固まっていますが、一般的なココアバターの融点は33.8℃のため、体温よりやや低いくらいの温度になると、急激に溶け出すのです。

　このような性質の植物性油脂はココア
バターのほかに類がなく、とても独特なものといえます。

　この「ココアバターの融点が33.8℃」という事実に、重大な意味があります。人間の体温より数度低い温度で急速に溶けるからこそ、チョコレートを口に入れたとたんに溶け出す、あのなめらかなくちどけ感が得られるのです。

　もし、ココアバターの融点が体温と同じかそれ以上なら、口の中で融点に達するまでに時間がかかり、溶けたときには、まるでワックスを食べているかのようなもたついた食感になってしまうでしょう。逆に融点が1〜2度低ければ、気温によってチョコレートがベタベタになる地域や季節が多くなり、限られた場所や寒い時期にしか食べられないものになってしまいます。このように、チョコレートにおけるココアバターの融点は、ほんの1〜2℃の違いで不都合が生じるほど、絶妙なものなのです。

　また、ココアバターに含まれる種々の香気成分もチョコレートのおいしさには欠かせません。さらに天然の抗酸化物質

を含んでいるため、ほかの油脂と違って酸化しにくいという利点もあり、ココアバターはチョコレートの保存期間の長さにも一役買っているのです。

カカオ豆の産地では固まらない

さて、P114のチョコレートの歴史でも触れたように、食べるチョコレートが発明されたのは19世紀のイギリスです。実はここにもココアバターの融点の問題が絡んでいます。

チョコレートが固形状態を保つには、含まれているココアバターが結晶化していなければなりません。カカオ豆の産地である熱帯地方では、気温が33.8℃というココアバターの融点を超えてしまうため、ココアバターは結晶化せず液状を保

っています。そもそもココアバターはカカオ豆の発芽のためのエネルギーになるものなので、もし固まってしまったら、カカオ豆は発芽できなくなってしまいます。そのため産地ではココアバターは溶けているのが当然で、古代のチョコレートは飲み物だった理由もそこにあります。ココアバターの融点によって、食べるチョコレートはカカオ豆の産地である熱帯地方ではなくヨーロッパの温帯地方へと、長い年月をかけて渡ってきてから生まれたのです。

このようにチョコレートは、「神々の食べ物」というカカオの学名を思い起こさせるような、まさにさまざまな神の采配によって生まれたものとも思える、不思議な特徴を持った食べ物なのです。

Let's Challenge!
わかればアナタもチョコレート博士!?
チョコレートクイズ!

初級、中級、上級計13問のチョコレートクイズ。あなたは何問正解できる!?

BEGINNER〈初級編〉

Q1
チョコレートの原料、
カカオの学名の意味は?

① 悪魔の食べ物
② 神様の食べ物
③ 王様の食べ物

Q2
14世紀ごろのカカオの
用途として適しているものは?

① 飲み物
② お菓子
③ サッカーボール

Q3
カカオの実の硬い殻は
何と呼ばれている?

① カカオポッド
② カカオパッド
③ カカオバッグ

Q4
1つのカカオの実にある
カカオ豆は何粒くらい?

① 10〜20粒
② 20〜30粒
③ 30〜40粒

Q5
チョコレートは何度くらいが
最もおいしく感じる?

① 10℃以下
② 10〜14℃
③ 15〜25℃

Q6
板チョコの溝は
何のためにある?

① 割りやすくするため
② 効率よく冷やすため
③ デザイン

INTERMEDIATE〈中級編〉

Q7

チョコレートの加工と
同じ製造過程を踏む食べ物は?

① 砂糖
② 油
③ みそ

Q8

日本にチョコレートが
伝わったのは何時代?

① 江戸時代
② 明治時代
③ 大正時代

Q9

この中で1人当たりのチョコ
レート消費量が多い国は?

① スイス
② ベルギー
③ アメリカ

ADVANCED〈上級編〉

Q10

戦時中カカオ豆の代用品として
日本で使われていたものは?

① バラの花びら
② チューリップの球根
③ ヒマワリの種

Q11

フランスの老舗チョコメーカーに
200人いるのは?

① 官能分析官
② 温度の管理者
③ カカオの管理者

Q12

2020年の日本人1人の
チョコレート年間消費量は?

① 1.5kg
② 2.1kg
③ 3.2kg

Q13

カカオの生産地として
今注目されるアジアの国は?

① 台湾
② ベトナム
③ タイ

Let's Challenge!
チョコレートクイズ
答え合わせ

BEGINNER〈 初級編 〉

A1

② カカオは神話に由来する「神様の食べ物」!

カカオの学名は「アオギリ科テオブロマ属カカオ」。テオブロマとはメキシコ・アステカ族の神話に由来する「神様の食べ物」という意味なのだそう。

A2

① チョコレートは本来貴族たちの飲み物だった

神秘的な力を持つとされていたカカオは、かつて儀式の捧げものや、貢物、貨幣のほか、位の高い人々の飲み物などに使われていました。

A3

① カカオ豆はラグビーボール型の器!?

全長20cmくらいの硬い殻に覆われたカカオ豆は、ラグビーボールのような形をしており、器のようでもあることから「カカオポッド」と呼ばれています。

A4

③ カカオの実には30〜40粒のカカオ豆が入っている

厚さ1cm以上の硬い殻の中には、パルプと呼ばれる白い果肉があり、そこには30〜40粒の種子(カカオ豆)が入っています。

A5

③ 舌の上でくちどけを味わえる15〜25℃が一番おいしい!

チョコレートは、舌の上でくちどけを味わえる15〜25℃が一番おいしく感じる温度。冷蔵保存する場合は、食べる前に室温に近づけるのがおすすめ。

A6

② 板チョコの表面積を広くして効率よく冷やし固める!

溝をつけることで、板チョコの表面積を広くし、効率よく冷やし固めて、短時間で大量の板チョコを製造できるようにしています。

INTERMEDIATE〈中級編〉

A7

③ カカオ豆は発酵することで
チョコレートになる！

カカオ豆は発酵することで、チョコレートらしい香りや味の成分が生まれます。チョコレートも発酵食品だったとは意外ですよね。

A8

① 最も古い記録は1797年
（江戸時代）、長崎の遊女のもの

日本にチョコレートが伝わったのは、江戸時代。最古の記録は、1797年、長崎の「寄合町諸事書上控帳」に遊女のもらい品目として記録されています。

A9

① スイス人は日本人の
約4倍食べている！

2019年の調査では1位はスイス、2位がドイツ、3位がエストニア。年間消費量は1人当たり9.7kg。スイス人は日本人の約4倍以上食べています。

ADVANCED〈上級編〉

A10

② チューリップの球根が
チョコレートの代用品だった!?

カカオ豆の輸入が制限された戦時中、日本国内ではチューリップや鉄砲百合の球根、落花生粕などに植物油とバニラを加えた代用品を開発していました。

A11

① 200人の官能分析官が
しっかり管理！

最高品質のヴァローナのショコラは、全工程において、日々約200名の官能分析官（有資格者）によって、その品質や味わいが管理されています。

A12

② 日本人1人当たりの
年間消費量は2.1kg！

日本菓子協会・総務省の資料によると、1990年の年間消費量は1人当たり1.57kgだったのが、徐々に増え、2020年は2.1Kgだそうです。

A13

② コーヒー通の間では
ベトナム産のカカオ豆に注目！

カカオ豆は、ガーナ、エクアドルなどが主な輸入先ですが、アジアではベトナム産が酸みとフルーティな香りと独特な味わいで関心を集めています。

意外な事実に驚き！
思わず誰かに話したくなる
チョコレートトリビア

今では世界中で嗜好品として楽しまれているチョコレート。
生まれ故郷のメソアメリカで、その後渡ったヨーロッパや日本での
チョコレートにまつわる豆知識を集めてみました。

TRIVIA 01
世界最古の食用カカオが
紀元前3300年の遺跡に!?

2018年、国際研究チームがエクアドルの遺跡から、食用としてのカカオ摂取の植物学的証拠を発見したと発表。今後研究が進めば新事実発見の可能性も！

TRIVIA 02
コロンブスは
最後の航海で
カカオに出合っていた!?

コロンブスはホンジュラスに到着したとき、現地人がカカオを運ぶのを目撃。しかし彼はインドへの航路探索に熱中していたため、まったく興味を持たなかった。

TRIVIA 03
アステカ皇帝は
チョコレートを
1日50杯飲んでいた!?

アステカ王朝の時代、チョコレートは飲み物として珍重されていました。皇帝が、黄金の器に入れて1日なんと50杯、欠かさず飲んでいたという話もあります。

TRIVIA 04
ギネスの長寿者の好物は
チョコレートだった!?

122歳の最高年齢記録保持者であるフランス人ジャンヌ・カルマンさんは、天寿を全うするまで週に900g（板チョコ約15枚分）のチョコレートを食べていた。

TRIVIA 05

生チョコレートの
呼び名は「石畳」!?

生まれ故郷のスイスでは粉糖が雪のように見えることから「冷たい石畳」と呼ばれる生チョコレート。ヨーロッパでは「石畳」の通り名で知られている。

TRIVIA 06

北緯20度〜南緯20度しか
カカオは育たない!?

カカオの樹は高温多湿の高度30〜300m、年間平均気温が約27℃、さらに年間降雨量1000mm以上など、限られた条件で初めて生育可能な繊細な樹木です。

TRIVIA 07

16世紀、
朝風呂のお供は
チョコレート!?

16世紀にヨーロッパに渡り流行した飲むチョコレート。上流階級が朝の儀式として風呂とチョコレートを楽しんでいたことが、当時の絵画に描かれています。

TRIVIA 08

チョコレートには
牛の血が入っている!?

日本でチョコレートの加工製造が始まった明治時代、「牛の乳」が入っているを「牛の血」と聞き違え、チョコレートを食べるのを避ける人がいた。

TRIVIA Q9

イギリスの名門大学の
テストのお供は!?

テスト時のスナック持ち込みが認められているイギリスの名門大学では、「ブレインフード」として、チョコレートを持ち込む学生が多いという。

TRIVIA 10

メキシコでは
唐辛子と一緒に
チョコレートを飲む!?

古代アステカ時代にカカオ栽培で栄えた
メキシコ南部の地域では、当時と同じく
塩をまぶした緑唐辛子をなめながらカカ
オを水に溶かしたドリンクを飲んでいる。

TRIVIA 11

ホワイトチョコレートは
なぜ白い!?

白いのは原料にカカオマスが入っていな
いため。しかしカカオ豆の主成分である
ココアバターを原料としているため、れ
っきとしたチョコレートの一種。

TRIVIA 12

あの「ベルばら」にも
チョコレートが登場

漫画『ベルサイユのばら』にもチョコレ
ートが登場。登場人物がショコラも食
べられない貧乏人の食生活にふれ、民衆
の苦しさを知るというシーンがある。

TRIVIA 13

文豪ゲーテは
チョコレートの
大ファンだった!?

ゲーテは旅行をするときも、飲むチョコ
レート(ココア)を愛用のポットに入れ、
片時も手放さず飲んでいたといわれるほ
どチョコレートを愛していた。

おわりに

最後まで、読んでいただきありがとうございます。

はじめは「苦い」と言われることが多かった

「チョコレート効果」ですが、

今では多くの方に「この苦みがいい」と

言ってもらえるようになりました。

人生、甘いことばかりじゃない。苦しいときもある。

「チョコレート効果」は、楽しいときだけでなく、

ちょっと疲れたとき、苦しいときにも、あなたのそばに。

これからも、あなたにいいことが

チョコっとありますように。感謝の気持ちを込めて。

健康を考えるチョコ 「チョコレート効果」

チョコレート効果25周年記念レシピBOOK

チョコレート効果食堂

発行日　2023 年 2 月 14 日　第 1 刷
発行日　2024 年 2 月 22 日　第 2 刷

著者　　　　　株式会社 明治

本書プロジェクトチーム
編集統括　　　　柿内尚文
編集担当　　　　中村悟志、入江翔子
編集協力　　　　加藤朋美、田代祐子
　　　　　　　　黒木博子、石原輝美、印田友紀（smile editors）
　　　　　　　　名雲康晃、大久保欣一
デザイン　　　　細山田光宣＋千本聡＋山本哲史（細山田デザイン事務所）
料理制作　　　　金丸絵里加
レシピ撮影　　　三村健二
料理スタイリング　鈴石真紀子
撮影協力　　　　UTUWA
イラスト　　　　朝野ペコ、市村譲
DTP　　　　　　ユニオンワークス
校正　　　　　　中山祐子

営業統括　　　　丸山敏生
営業推進　　　　増尾友裕、綱脇愛、桐山敦子、相澤いづみ、寺内未来子
販売促進　　　　池田孝一郎、石井耕平、熊切絵理、菊山清佳、山口瑞穂、
　　　　　　　　吉村寿美子、矢橋寛子、遠藤真知子、森田真紀、氏家和佳子
プロモーション　山田美恵
講演・マネジメント事業　斎藤和佳、志水公美

編集　　　　　　小林英史、栗田亘、村上芳子、大住兼正、菊地貴広、山田吉之、
　　　　　　　　大西志帆、福田麻衣
メディア開発　　池田剛、中山景、長野太介
管理部　　　　　早坂裕子、生越こずえ、名児耶美咲
発行人　　　　　坂下毅

発行所　　株式会社アスコム

〒105-0003
東京都港区西新橋2-23-1　3東洋海事ビル
編集局　TEL：03-5425-6627
営業局　TEL：03-5425-6626　FAX：03-5425-6770

印刷・製本　中央精版印刷株式会社

©meiji　株式会社アスコム
Printed in Japan ISBN 978-4-7762-1261-4